本书为浙江省哲学社会科学规划课题"数字经济背景学精神融合发展机制及路径研究"（项目号：22NDJC170Y

# 数字经济背景下企业家精神与科学精神融合创新发展研究

马丽娜 著

吉林出版集团股份有限公司
全国百佳图书出版单位

图书在版编目（CIP）数据

数字经济背景下企业家精神与科学精神融合创新发展研究 / 马丽娜著. -- 长春：吉林出版集团股份有限公司，2025.5. -- ISBN 978-7-5731-6436-0

Ⅰ. F279.23; G322

中国国家版本馆 CIP 数据核字第 2025QG6032 号

SHUZI JINGJI BEIJING XIA QIYEJIA JINGSHEN YU KEXUE JINGSHEN RONGHE CHUANGXIN FAZHAN YANJIU

## 数字经济背景下企业家精神与科学精神融合创新发展研究

| 著　　者 | 马丽娜 |
| 责任编辑 | 金昊 |
| 装帧设计 | 领行文化 |

| 出　　版 | 吉林出版集团股份有限公司 |
| 发　　行 | 吉林出版集团社科图书有限公司 |
| 地　　址 | 吉林省长春市南关区福祉大路 5788 号　邮编：130118 |
| 印　　刷 | 长春新华印刷集团有限公司 |
| 电　　话 | 0431-81629711（总编办） |
| 抖音号 | 吉林出版集团社科图书有限公司　37009026326 |

| 开　　本 | 710 mm×1000 mm　1/16 |
| 印　　张 | 12.5 |
| 字　　数 | 200 千字 |
| 版　　次 | 2025 年 5 月第 1 版 |
| 印　　次 | 2025 年 5 月第 1 次印刷 |

| 书　　号 | ISBN 978-7-5731-6436-0 |
| 定　　价 | 62.00 元 |

如有印装质量问题，请与市场营销中心联系调换。0431-81629729

# 前　　言

数字经济是新一代信息技术与实体经济深度融合催生的新经济形态，正以前所未有的速度席卷全球，成为推动世界经济发展的新动力。它不仅深刻改变了我们的日常生活和工作方式，更给企业的运营模式和市场竞争格局带来了颠覆性的影响。

作为市场经济的灵魂，企业家精神在数字经济时代被赋予了新的内涵和使命。在数字经济的大潮中，企业家应具备更加敏锐的洞察力，能够迅速捕捉市场机遇，把握行业趋势。他们不仅要勇于探索未知领域，更要敢于利用数字技术打破传统边界，创造出前所未有的商业模式和服务形态。这种创新、冒险与担当的精神，是企业家在数字经济时代立足和发展的关键。他们敢于挑战权威，不畏失败，始终坚持以用户为中心，通过持续迭代优化，推动产品和服务向智能化、个性化方向迈进。

科学精神是人类追求真理、探索未知的智慧结晶，在数字经济时代显得尤为重要。科研人员通过深入研究数据科学、人工智能、区块链等前沿技术，不断突破技术瓶颈，为数字经济的发展提供了强大的技术支持。他们秉持理性思考、实证验证和开放合作的原则，为数字经济的繁荣奠定了坚实的基础。科学精神还促使我们更加严谨地审视数字技术的社会影响，确保技术发展能够真正服务于人类，避免潜在的风险与危害。

企业家精神与科学精神的融合，是数字经济时代创新发展的必然要求。企业家需要借鉴科学精神中的理性思维与严谨态度，确保创新决策的科学性和可持续性；而科研人员则应学习企业家敏锐的市场洞察力和快速响应能力，加速科技成果的转化应用。两者相辅相成，共同推动技术创新与产业升级，促进经济社会的全面发展。

本书对企业家精神与科学精神融合创新发展进行研究，探讨企业家精神与科学精神在数字经济背景下的融合路径。全书共六章内容。第一章介绍数字经济发展的基本概念和特征；第二章、第三章分别介绍企业家精神和科学精神；第四章研究数字经济背景下企业家精神与科学精神融合发展机理；第五章对数字经济背景下中国企业家精神和科学精神融合发展路径进行研究；第六章对数字经济背景下中国企业家精神和科学精神融合发展保障机制进行研究。本书旨在为新时代的创业者、科研工作者及政策制定者提供有益的启示。

# 目　　录

## 第一章　数字经济发展概述 ............................................................. 1
### 第一节　数字经济的内涵 ............................................................. 1
### 第二节　数字经济的特点 ............................................................. 7
### 第三节　数字经济发展现状 ......................................................... 19
### 第四节　数字经济发展趋势 ......................................................... 34

## 第二章　企业家精神的内涵与发展 ................................................ 42
### 第一节　企业家的内涵与特征 ..................................................... 42
### 第二节　企业家精神的内涵 ......................................................... 50
### 第三节　西方企业家精神的演变 ................................................. 58
### 第四节　传统文化与中国企业家精神 ......................................... 63

## 第三章　科学精神的内涵与培育 .................................................... 75
### 第一节　科学精神的内涵 ............................................................. 75
### 第二节　科学精神的培养 ............................................................. 93
### 第三节　科学精神与人文环境 ..................................................... 99
### 第四节　数字经济背景下科学精神的培育策略 ....................... 106

## 第四章　数字经济背景下企业家精神与科学精神融合发展机理 ... 112
### 第一节　企业家精神和科学精神融合的基础 ........................... 112
### 第二节　企业家精神与科学精神融合的动力机制 ................... 116
### 第三节　企业家精神与科学精神融合的制约因素 ................... 125
### 第四节　企业家精神与科学精神融合发展模式 ....................... 133

## 第五章　数字经济背景下中国企业家精神与科学精神融合发展路径 ... 144
### 第一节　中国企业家精神的特征及作用 ................................... 144
### 第二节　数字经济时代中国企业家精神的重塑与发展路径 ... 148
### 第三节　企业家精神和科学精神协同推动民营企业创新发展路径 ... 154
### 第四节　科学精神融入企业家精神的路径研究——以浙江省为例 ... 159

## 第六章　数字经济背景下中国企业家精神与科学精神融合发展保障 ...... 172
### 第一节　企业家精神的培育和政策保护——以家族企业为例 ...... 172
### 第二节　企业文化建设与科技创新发展 ...... 175
### 第三节　数字经济政策与企业数字化转型 ...... 181
### 第四节　企业创新平台建设与产学研合作 ...... 188

## 参考文献 ...... 192

# 第一章 数字经济发展概述

## 第一节 数字经济的内涵

数字经济是植根于互联网土壤、以数字化知识和信息为关键生产要素的新兴经济形态，它正以前所未有的深度和广度重塑着全球经济版图。互联网作为数字经济的坚实基石，不仅构建起信息高速流通的桥梁，更为数字技术的广泛渗透与应用搭建了广阔舞台。信息与通信技术（ICT）的巧妙融合与高效运用，则成为推动经济效率飞跃、市场结构优化升级的核心驱动力，引领着数字经济迈向更加繁荣的未来。

在数字经济的浪潮席卷之下，农业、工业、服务业这三大传统经济支柱正经历着前所未有的转型与升级。数字技术如春雨般滋润着每一寸经济土壤，不仅催生了智能化、自动化的生产方式，更孕育出各种新业态、新模式，使得传统行业界限日益模糊，跨界融合与协同创新成为时代潮流。数字经济以其独特的增长逻辑，颠覆了包括边际收益递减法则在内的传统经济增长理论，彰显出超越传统三大产业界限的高级经济形态特质。展望未来，数字经济有望被正式赋予"第四大产业"的崭新身份，这既是对其在现代经济体系中核心地位的高度认可，也是对其在推动经济社会发展中不可替代作用的深刻体现。作为新经济时代的领航者，数字经济将持续以其无限的创新潜力和广阔的发展前景，引领全球经济迈向更加智能化、高效化、可持续化的未来，为人类社会的进步贡献出源源不断的智慧与力量。

### 一、数字经济的背景

在 20 世纪末的曙光中，数字经济作为一种崭新的经济形态初露锋芒。数字经济的概念由唐·塔普斯科特在其著作《数字经济的浮现》中首次明确阐述，并迅速获得了学术界的广泛认可，从而在经济理论的殿堂中奠定了其举足轻重的地位。与此同时，日本学者也提出了独到的见解，认为"数字经济"与"电子经济""知识经济""网络经济"等概念可视为同一事物的不同表述。1999年，美国商务部进一步阐明，数字经济与电子商务紧密相连，共同构筑了信息技术产业的坚固基石。

数字经济的崛起，离不开互联网技术的飞速发展这一强大推手。回溯至1969年，美国几所顶尖学府间计算机的互联，标志着阿帕网（ARPA）的诞生，拉开了计算机网络的序幕。步入20世纪80年代，TCP协议的应用推动了美国国内计算机网络的蓬勃发展，进而引领了全球计算机互联的浪潮，因特网逐渐走进千家万户，互联网时代正式来临。到了90年代，互联网与商业领域的融合愈发紧密，互联网经济逐步走向成熟。一批具有远见卓识的企业敏锐地捕捉到了互联网的发展潜力，抢先布局，实现了资本的迅速积累。特别是在20世纪经济低迷的时期，美国互联网行业的崛起犹如一股清流，为经济复苏注入了新的生机，创造了一个又一个经济奇迹。尽管2001年互联网经济遭遇了暂时的挫折，但经过改革与调整，互联网很快重整旗鼓，步入了快速发展的轨道，孕育出了Google、Facebook等互联网巨擘，同时也助力苹果公司实现了跨越式的成长。2008年国际金融危机的爆发，让传统经济遭受了沉重打击，而互联网则凭借其独特的优势，成为各国探寻新经济增长点的重要突破口，加速了传统产业与网络的深度融合，催生出了大量新产品和新业态，智能手机等高科技产品更是成为消费者生活中不可或缺的一部分，深刻改变了人们的生活方式。

随着技术的日新月异和社会的不断进步，数字经济与传统经济的融合愈发紧密，两者之间的界限也变得愈发模糊。尽管当前对于数字经济的内涵尚未达成统一的认识，但其基础层面的特征显而易见，与传统经济存在显著的差异。数字经济的广泛渗透，对人们的生产和生活产生了深远的影响，推动了社会运行的显著变革，加速了现代经济体系的更新迭代。从本质上来看，数字经济与"互联网+"理念不谋而合，都强调将网络信息技术与社会经济深度融合，旨在提升经济效率和质量，优化组织结构，提升技术水平，扩大经济效益。然而，从覆盖范围而言，数字经济的辐射面更为广泛，不仅涵盖了大数据、云计算、人工智能等前沿领域，还涉及智能建设等多个方面。

## 二、数字经济的概念

自数字经济这一概念横空出世以来，它便如同一块磁石，深深吸引了学术界、商界以及政府部门的目光。特别是在党的十九大报告中，明确提出了"建设网络强国、数字中国、智慧社会"的宏伟目标，这标志着数字经济已上升为国家战略的高度。随后，党中央、国务院围绕数字中国建设，精心谋划了一系列战略布局，并全力推动这些规划落地生根，使得数字中国建设取得了举世瞩目的新成就。2019年中央经济工作会议上，再次强调要大力发展数字经济。2022年党的二十大报告强调要"加快发展数字经济，促进数字经济和实体经济深度融合，打造具有国际竞争力的数字产业集群"。

在学术界的热烈探讨中，学者们从各自独特的理论视角出发，对数字经济的内涵进行了深入而细致的阐述。早期，莱恩和科灵等学者从技术融合的维度切入，将数字经济描绘为以互联网设施为基石，深度融合计算机技术、信息及通信技术的一种全新经济范式。这种融合不仅引发了广泛而深刻的社会变革，更有力地推动了经济社会的蓬勃发展。随后，金范秀、齐斯曼和阿特金森等学者则从经济形态的层面出发，提出数字经济并非仅仅局限于数字技术和电子商务的范畴，而是一种崭新的经济形态。数字信息技术在经济社会中既产生了强大的经济效应，也产生了深远的非经济效应。值得一提的是，在2016年G20杭州峰会上，各国领导人共同通过了《二十国集团数字经济发展与合作倡议》，对数字经济的定义达成了共识。定义明确指出，数字经济由数字产业化（即信息通信产业）和产业数字化两大板块构成，它以数字化的知识和信息为关键生产要素，以数字技术为核心驱动力，以现代信息网络为重要载体，通过数字技术与实体经济的深度融合，不断提升数字化、网络化、智能化水平，加速重构经济发展与治理模式，从而孕育出一种新型经济形态。

2024年11月，世界互联网大会乌镇峰会期间，中国面向国际社会提出《全球数据跨境流动合作倡议》，强调各国应秉持开放、包容、安全、合作、非歧视的原则，推动全球数据跨境流动合作。这为未来数字经济全球化合作发展奠定了基础，指明了方向。2025年3月5日，国务院办公厅印发《关于做好金融"五篇大文章"的指导意见》，明确提出要推动数字金融高质量发展，加快金融机构数字化转型，增强数字化经营服务能力，加快数字金融创新，支持巩固拓展数字经济优势。

数字经济对社会经济发展的推动作用不容忽视。首先，数字技术的日新月异促进了信息通信产业的迅猛发展，使其一跃成为当前经济社会中最为活跃、收益增长最快的新兴产业之一。大数据、人工智能、物联网、云计算等数字技术的广泛应用,使得数字技术渗透到经济社会的各个领域,构建起一个连接企业、政府和消费者的信息化经济体系。如今,数字技术已成为各行各业的必备利器,使得数字经济的范畴远远超越了信息通信产业的范畴。其次,数字经济作为当前经济增长的重要引擎,以其独特的魅力极大地降低了交易成本,有力促进了经济增长,显著提升了社会资本运营效率和劳动生产率。数字经济通过不同产业间的交叉融合和数字技术的广泛应用,为各经济生产部门注入了强大的动力,在当前经济的基本生产要素、基础设施、产业变革、经济体制完善等方面产生了深远而重大的影响。最后,在数字经济的大潮中,企业的创新活动也呈现出崭新的面貌。企业的创新不再仅仅局限于企业内部资源和能力的范畴,而是更多地表现为多元创新主体与数字经济环境的紧密互动和深入联系。这种创新过程既是一个新产品开发、新技术创造及产业化应用的过程,也是一个对新技术范式相关的资源配置、生产方式及制度规范进行广泛变革的过程。因此,数字经济对商业模式创新的影响也与传统经济形态截然不同,它会借助丰富的数字信息和数字资源,为商业模式创新提供源源不断的物质基础和动力源泉,从而推动商业模式创新并不断迈向新的高度。

根据数字经济的发展和演化特点,我们可以将其划分为三类:一是数字基础产业,这类产业主要包括一些传统的信息产业;二是数字渗透产业,即数字技术广泛渗透到传统产业之中,使传统产业发生蜕变或部分转变为数字产业;三是数字原生产业,这类产业是完全依托数据或数字技术而发展壮大的新兴产业。

### 三、数字经济的意义

#### (一)数字经济是经济社会逻辑变革的深刻推手

萝塔·佩蕾丝通过深入研究,揭示了一个历史性的规律:每一次技术革命都会催生新的经济范式,并遵循着一个清晰的发展脉络,大致分为两个阶段,每个阶段持续约二十五年。在第一个阶段,新技术如雨后春笋般迅速普及,其相关行业也如日中天,蓬勃发展。此时,新技术驱动的产品从研发、成长到规模化应用,一路高歌猛进;同时,基础设施建设也取得举世瞩目的成就。而到了第二个阶段,新技术则开始与各行各业深度融合,广泛渗透,引领其他行业发生翻天覆地的变化。

当今世界,信息技术正以前所未有的速度进行变革,人工智能、互联网、信息技术及其衍生产品正逐渐渗透到社会的每一个角落，实现了万物互联。数据如潮水般涌来，新型产品与业态如雨后春笋般层出不穷。各行业与信息技术的融合速度之快，令人叹为观止，更引领着人们的生活方式发生革命性的转变。

随着通信技术、大数据、云计算等技术的不断发展，电子商务将如虎添翼，提质增效，外延扩张，全球贸易的联系也将更加紧密。智能化、电子化的配送模式将成为未来的主流趋势，这无疑预示着在信息技术的强劲驱动下，生产力将发生翻天覆地的变化，生产关系将焕然一新，产业效率将持续提升，互联网生态将不断优化升级，贸易形式将更加多元化，制造业形态也将迎来前所未有的深刻转型。

**（二）数字经济是经济增长的强大引擎**

数字经济正以雷霆万钧之势蓬勃发展，其创新性达到了前所未有的高度，并在全球经济体系中占据着越来越重要的地位。它不仅极大地推动了经济社会的快速发展，还持续推动着生产力的提升，为经济发展注入源源不断的强劲动力，增强了经济的活力与韧性，促进了经济的健康稳定发展。

当前，数字经济在经济发展过程中的驱动作用愈发显著。研究者们如埃森哲所提出的数字化密度指数，正是用来衡量经济社会受数字技术影响程度以及技术驱动力强弱的指标。随着各行业与数字技术融合程度的不断加深，技术革命所带来的"发展红利"将如潮水般涌来，空间巨大，不可限量。以数字支付为例，我国在全球数字支付排名中名列前茅，通过支付宝、微信等支付平台进行交易的资金总额更是稳居世界第一。以 2024 年第一季度为例，支付宝和微信支付的交易额分别为 118.19 万亿元和 67.81 万亿元，合计占市场总份额 94% 以上。尽管我国数字经济发展历史相对较短，但近年来却以惊人的速度崛起，根据《中国数字经济发展研究报告（2024 年）》的权威数据，2023 年我国数字经济规模已达 53.9 万亿元之巨，占 GDP 比重高达 42.8%，成为全球第二大数字经济体，彰显出我国数字经济的强大实力与无限潜力。据中国信通院最新预测，到 2025 年末，我国数字经济规模将超 60 万亿元，数字经济占我国 GDP 的比例会超过 50%。

**（三）数字经济是提升经济发展质量的关键法宝**

融合性是数字经济的一大显著特征。在传统领域与数字经济的不断融合中，特别是随着制造业影响力的日益提升，数字经济的赋能效应愈发凸显，有力推动着智能制造业的快速发展。近年来，日本、美国等发达国家纷纷从国家战略的高度出发，制定了一系列促进制造业与数字经济融合发展的宏伟战略，如韩国的IT交互战略、法国的新工业战略、德国的工业4.0战略等。这些战略旨在通过推进传统领域与互联网的深度融合，促进制造业的转型与升级，实现质的飞跃。

在制造业领域，众多企业正积极探索与数字融合的发展路径，以实现转型升级的宏伟目标。以德国安贝格电子制造工厂为例，该企业致力于将数字化融入企业工作的每一个环节，从而实现了产品工序的快速调整、产品合格率的显著提升以及生产率的持续增长，为制造业的数字化转型树立了典范。实体经济的发展需要与互联网紧密相连，二者融合是未来发展的必然趋势。在数字经济的影响下，传统制造业正在发生翻天覆地的变化，规模化定制、协同制造、远程智能服务等新业态如雨后春笋般不断涌现，不仅满足了市场的发展需求，也确保了生产率的持续提升，为制造业的转型开辟了崭新的领域。此外，信息通信技术的发展还为节能减排做出了巨大贡献，通过减少资源消耗和污染物排放，以及利用信息资源作为清洁能源，助力实现低碳排放的宏伟目标。

**（四）数字经济是促进创业就业与增进人民福祉的康庄大道**

从推进创新的角度来看，随着全球经济结构和人口结构的不断变化，新科技的影响正逐渐渗透到社会的各个领域。各国高度重视创业活动，并将其作为提升国际竞争力的重要手段。为此，许多国家纷纷出台了支持创新创业的优惠政策，引导企业增强市场竞争优势。例如，欧盟十分重视创业教育，在各教育阶段都开设了专门的创业课程，并融入了信息技术等相关内容。在当前科技革命进程不断加快的背景下，信息技术在创新创业中发挥着越来越重要的作用。我国也迎来了新一轮的"创业热"，其中很大一部分与数字经济息息相关。在数字经济的带动下，创业者拥有了更加广阔的网络平台，一大批互联网企业迅速崛起，并成为吸纳就业和创新创业的主要力量。数字经济的发展不仅促进了人类认知能力的提升和智力的开发，还推动了生产水平的提升和就业岗位的增加。

此外，互联网的最大价值在于它能够不断提升生产效率，确保劳动者掌握更高水平的劳动技能。对于常规和机械的工作，可以充分发挥数字技术的作用来替代完成，从而使劳动者能够将精力集中在其他领域进行新技术的研发与创新。这样不仅能够降低成本、提高效率，还能够减少不确定因素带来的风险。

就增进福祉而言，人们的生活质量与数字化之间的联系愈发紧密。随着数字化能力不断增强，人们对生活的满意度也在不断提升。数字经济的迅速发展还有助于跨越各区域之间的数字鸿沟，让生活在偏远地区的人们也能享受到数字经济带来的便利与幸福。数字技术的发展使民生福祉不断增进，人们在消费、购物、休闲、旅游、教育以及交友等各个方面都发生了翻天覆地的变化，享受着数字化带来的美好生活。

## 第二节　数字经济的特点

### 一、数字经济的特点

#### （一）数据资源是数字经济时代的核心生产要素

与传统经济依赖土地、基础设施及自然资源不同，在数字经济时代，数据已成为影响生产的关键要素之一。随着网络覆盖面的不断拓宽和5G技术的迅猛发展，人与物、物与物之间的联系愈发紧密，人机互动成为新趋势。在深度学习的推动下，人工智能发展势头强劲，而这一切的背后，正是海量数据的强大驱动力。在创新日益激烈的今天，技术突破的难度逐渐加大，企业间的竞争差距也在不断缩小。因此，企业要想突破固有模式，引领行业潮流，就必须具备敏锐的行业洞察力和变化感知力。这要求企业掌握更为科学、准确的用户数据，并提高在交易、环境、资源获取等方面的能力，以数据为基石，构筑起竞争优势的坚固堡垒。

#### （二）技术驱动是数字经济的内在引擎

传统经济运营模式下，信息技术更多地扮演着辅助角色，而在数字经济时代，信息技术和数字资源则成为经济发展的核心驱动力。在信息化运营机制的推动下，业务流程得以简化，业务流转效果显著提升。然而，在数字经济中，信息技术不再仅仅是辅助工具，而是与数字资源紧密结合的产物，共同驱动经济发展。随着信息技术引领力的不断增强，制造、管理、流通、生产、营销以及消费等领域纷纷呈现出电子化、信息化、智能化的新型业态。这不仅提升了服务质量，保障了产品品质，还极大地提高了工作效率。同时，数字技术的广泛影响也促使企业在体系架构、经营模式、管理理念以及生产销售等方面发生深刻变革，企业需不断适应这一新变化，以技术为引擎，推动自身持续发展。

### （三）产业融合是数字经济的必然趋势

传统经济模式下，经济发展主要依赖于农业、工业和服务业等产业形式，且各产业间的交互性日益增强。然而，在数字经济时代，产业融合成为经济发展的新趋势。农业机械化的加速推进、工业制造领域的丰硕成果以及服务业与上述领域的深度融合，都预示着未来经济发展将呈现出更加明显的产业融合趋势。在这一趋势下，人工智能、网络信息、数字技术等与传统产业的交融性特征愈发显著，为传统产业发展注入了新的活力。因此，在未来的发展中，产业革命将在云计算、智能技术、数字革命的引领下取得更多技术成果，推动产业融合向更深层次迈进。

### （四）生态平台竞争是数字经济的主流商业模式

传统经济模式下，企业竞争力的大小主要取决于企业模式、市场需求、生产力、发展战略以及相关产业等因素。然而，在数字化时代，企业的决策机制发生了显著变化，产业竞争趋势逐渐呈现出规模化、系统化的平台竞争特征。生态平台的构建成为影响产业竞争力的关键因素。据2016年美国的一项调研结果显示，大多数互联网公司都倾向于选择平台模式，尤其在排名前100的互联网公司中，有60%的公司采用了平台模式。同时，随着新技术应用范围的不断扩大和深度应用趋势的日益明显，新业态、共享经济、O2O等也愈发倾向于选择平台模式作为自身的发展路径。这表明，生态平台竞争已成为数字经济时代的主流经营模式，企业需积极构建和完善自身的生态平台体系，以提升竞争力和市场地位。

### （五）数字经济趋向多元共治的发展新路径

随着数字经济的蓬勃发展，其对社会治理带来的挑战日益凸显，政府单打独斗已难以有效应对这一复杂多变的领域。数字经济具有综合性、复杂性和快速变化的特点，使其能够满足广泛用户群体的高技术要求及瞬息万变的市场需求，加之线上线下融合带来的激烈竞争，使得即便一个微小的问题也可能迅速演化为复杂的难题，给政府监管带来巨大压力。

为应对这一挑战，治理模式需从政府单一主导向多元共治转变。这要求相关方积极引入各类组织、企业和消费者等多元主体，共同参与数字经济的治理过程,充分发挥各成员的价值,构建起多主体协同合作的良性机制,为数字经济的持续创新提供有力支撑。

以平台经济为例,其崛起已深刻改变了资源配置的传统体系,在市场交易中扮演着愈发重要的角色。因此,对于平台上出现的各类问题,平台自身必须承担起相应的处置责任。同时,鉴于平台在资金、技术等方面的显著优势,应充分发挥其在治理中的积极作用,明确其职责与权利,引导其深度参与治理过程,这已成为业界共识。通过构建多元共治的治理体系,不仅能够提升数字经济的治理效能,还能为数字经济的健康发展注入新的活力。[①]

**(六)数据崛起是经济发展的新引擎**

随着移动互联网与物联网技术的飞速发展,人与物的紧密相连催生了数据的海量增长。大数据应运而生,并迅速攀升为国家与企业竞相争夺的战略资源。在数字经济的浪潮中,数据驱动的创新正全面渗透到经济社会的各个角落,科技研发的每一步都深深烙印着数据的痕迹。与传统经济相比,数字经济为数据的生成与流通提供了更为肥沃的土壤,而参与其中的各类经济主体,在享受数字经济红利的同时,也成为数据的创造者与使用者,使得经济活动的成果日益数字化,数据因此成为经济社会活动的新要素。值得注意的是,数字经济下的数据增长遵循着大数据领域的"摩尔定律",每两年便实现翻倍,成为经济活动中不可或缺的战略资源。数据以其易共享、易复制、无限供给的独特属性,为经济发展提供了坚实的资源支撑,成为数字经济中最为关键的生产要素。

**(七)数字经济基础产业成为新兴产业**

告别农业经济时代与工业经济时代的实体经济主导,数字经济时代见证了数据作为关键生产要素的崛起,彻底改变了基础产业与基础设施的面貌,数据产业因此脱颖而出,成为新的基础产业。在数字经济的推动下,新经济范式层出不穷,引领产业革命与经济体制改革,催生了一批批充满活力的主导产业。其中,无线网络、云计算等新兴产业凭借技术创新与新产品、新服务的提供,成为推动技术进步与创新积累的重要力量,助力传统产业结构的转型升级,同时促进新兴产业的蓬勃发展。另一方面,数字化技术的广泛应用促使传统产业为适应市场变化而加速数字化改造,不仅提升了传统基础设施的效能,更实现了产业与部门的数字化转型升级,生产力与工作效率大幅提升,产品类型与服

---

[①] 王振. 全球数字经济竞争力发展报告 2017[M]. 北京:社会科学文献出版社,2017:8.

务品质焕然一新，标志着工业经济时代的"砖与水泥"基础产业正逐步向以"数据与信息"为基础的新产业转型。

### （八）供需融合时代的来临

农业经济与工业经济时代，供给侧与需求侧的界限清晰分明。然而，数字经济的兴起打破了这一传统界限，供给方与需求方的角色逐渐融合，催生了"产消者"这一新概念。在传统经济中，"萨伊定律"盛行，即供给决定需求。但在数字经济时代，随着新产品与新技术的不断涌现，供给方开始更加重视消费者需求，通过深入挖掘消费者需求来提供定制化的产品与服务，不仅满足了消费者的现有需求，更推动了行业价值链的重构，实现了市场需求与经济需求的相互转化。各行业通过数据挖掘洞察产业发展与生态链，实现供给的精准裂变；政府则借助数据平台掌握社会动态，实施精准施策。

### （九）数字技术是经济发展的新动能

数字技术的飞速发展引发了数字革命，为数字经济的蓬勃发展注入了强大动力。近年来，物联网、移动互联网、云计算等数字信息技术实现了指数级增长，形成了技术整体演进与突破的崭新局面。首先，大数据与人工智能技术的融合解决了物联网设备间的兼容性问题，降低了数据存储、传输与分析成本，推动了物联网技术的质变与健康发展；其次，移动互联网的普及打破了传统互联网技术的限制，拓宽了应用领域，而云计算的广泛应用则降低了信息技术的建设与运维成本，缩短了建设周期，加速了数字技术的部署与应用；最后，数字技术的广泛应用彻底改变了传统产业的低效产出状况，大幅提升了生产效率与产出水平，孕育出众多促进经济发展的新业态与新模式，成为经济社会发展的新引擎，推动经济实现可持续增长。

## 二、数字经济背景下数字化工作系统及其特点

随着数字技术的迅猛发展，商业世界正经历着前所未有的变革。数字技术不仅为顾客带来了新的价值空间，同时也深刻改变了顾客价值的创造与获取方式。这种变革进一步推动了企业数字化工作系统的构建，为数字化工作者提供了更为灵活自主的工作安排与广阔的能力成长空间。这一系列变化，不仅提升了工作成效，还对企业与数字化工作者的工作方式提出了新的要求。

## （一）数字技术

在数字化时代，企业为了提高数字化工作者的工作成效，纷纷对工作系统进行创新：从原本关注顾客交易价值的工作系统，转向更加关注顾客体验价值的工作系统。然而，尽管数字化工作系统看似高效，却常常因为新工作者的成长缓慢和优秀工作者的快速流失而陷入低效运作的困境。这一问题的根源在于，许多企业在数字化变革中，仅仅改变了分配固定任务和管控工作者行为的工作形式，而未能针对创造顾客价值和赋能工作者成长的工作系统进行根本性变革。

数字技术彻底改变了取得工作成效的传统方式。在工业时代，顾客价值的创造主要依赖于企业对外部资源的有效整合和对内部资源的高效运营。工作者通过完成企业规划的关键行为和具体任务来取得工作成效，其能力和意愿是影响工作成效的两个核心因素。为了提升产出效率，企业以封闭式岗位设置和行为绩效管理作为管理工具，单方面确定岗位设置与工作任务，通过规定工作者的关键行为来确保任务的完成。这种传统的工作成效获取方式，使得工作任务管理与工作行为控制成为工作系统的关键。

然而，在数字化时代，技术赋能使得工作者与顾客的互动成为创造数字化顾客价值的重要因素之一。在符合企业价值观的前提下，工作者能否获得授权与赋能，协同其他利益相关者直接创造顾客价值，成为取得工作成效的关键。数字技术的发展不仅降低了工作者获取理论知识与实践经验的成本，还拓宽了工作者的视野，升级了认知，从而大幅提升了工作者的能力与成长速度。

数字化顾客价值创造的新方式和工作者成长的新速度，使得数字化工作者更加关注自身所创造的顾客价值以及可预期的能力发展前景。在数字技术赋能的前提下，企业与工作者需要就创造数字化顾客价值达成共识，并以共同规划的工作战略目标为起点。数字化工作者凭借动态工作能力，协同利益相关者，共同完成创造数字化顾客价值的任务。在新的工作成效获取方式中，工作者对战略目标的理解、适时动态调整自身行为的能力、协同利益相关者发展的意愿以及参与创造顾客价值的机会，成为影响工作成效的四大核心要素。

因此，企业不能再单方面设定工作任务，并仅依靠管控工作者来取得工作成效。相反，企业需要与工作者设定共同目标，并赋能工作者来提高工作效率。这种新的工作成效要求企业的人力资源管理实践转向以顾客价值为主要目标，并通过赋能工作者以数字化的工作方式来提高效率。目标设计与关键结果管理成为新的典型管理工具，它们通过合理的目标设计及与关键结果的对照，促进工作者能力的提升和潜能的激发。

## （二）工作系统

在工业时代的工作系统中，人力资源管理实践是基于企业是顾客价值创造与获取的主体这一假设的。工作者被视为完成任务的工具人，企业通过人力资源规划、招聘与配置、培训与开发、绩效管理、薪酬与福利、劳动关系六大模块来确保工作者完成工作任务并提高工作成效。这种以流程为导向的工作系统在传统经济环境下是高效的。

然而，在数字化时代，数字技术不仅提升了工作者创造与获取顾客价值的能力，还重新定义了提高工作成效的方式。数字化企业与数字化工作者围绕数字化顾客价值的创造与获取，重新构建了工作系统。数字化工作系统的认知更新框架有助于我们深入理解工作系统与人力资源管理实践的关系。

当工作者不再通过完成工作任务来提高工作成效，而是直接创造与获取顾客价值时，我们必须以顾客价值为核心重新审视工作系统与人力资源管理实践。数字化工作系统的认知更新框架以数字化顾客价值为核心，数字化企业与数字化工作者根据数字化顾客价值设定价值目标、做出规划，并通过价值赋能助力数字化工作者更好地创造数字化顾客价值。在合理的价值评价与分配模式下，凭借价值连接与契约机制保证数字化顾客价值的持续产出。

这种认知变化对企业的工作系统与人力资源管理实践产生了深远影响。数字化企业使用的管理工具与传统企业使用的管理工具之间最根本的差异并不在于数字技术的应用，而在于工作系统的核心设计。沿用原有的工作系统，将无法适应数字化时代的要求，也无法提升工作成效。因此，企业必须对工作系统进行根本性变革，将数字化顾客价值视为工作成效的核心，以推动数字化顾客价值的创造和数字化工作者的成长。

## （三）数字化工作模式

数字化工作系统围绕数字化顾客价值的创造与获取建立敏捷团队，以快速响应数字化顾客为核心，赋能并协同团队中所有工作者实现更高目标。这种数字化工作系统中的工作方式被称为数字化工作模式，它包含三个核心要素：组建数字化团队、塑造数字化领导力以及打造数字化个体。

1. 组建数字化团队

在数字化工作模式中，团队的目标从由管理者个人设定转变为由团队共同确定。团队分工与合作的方式也由统一分配任务和单一角色转变为团队动态配合和复合角色。团队成员不再局限于固定的岗位职责，而是根据任务需求灵活调整角色和分工。同时，团队的控制与反馈形式也由阶段性的静态考核转变为基于过往背景、当前成果与未来可能的动态观察。这种动态的观察和反馈机制使得团队能够及时调整策略，优化工作流程，从而提高工作效率和创造力。

2. 塑造数字化领导力

数字化领导力是数字化工作的关键要素之一。在过往的工作模式中，工作任务和路径均由管理者独立决定，并通过目标逐层分配与行为直接管控的方式进行管理。然而，在数字化时代，工作目标的设定由自上而下分配转为管理者与工作者共同规划，对照双方工作进度共同推进。管理者不再仅仅是任务的分配者和监督者，还是团队的引导者和支持者。他们需要与团队成员保持密切的沟通与合作，共同制定目标，解决问题，推动团队不断进步。

3. 赋能数字化个体

数字化个体是数字化工作模式的基石。数字技术赋能工作者并助其提升工作效率已经成为当下趋势，但真正的数字化个体并不应该仅停留在能够在数字技术的帮助下完成任务的阶段。数字化个体应该具备对数字技术的全面理解、对价值目标的清晰认识，以及从思维逻辑、认知视角到具体行为的全面数字化。他们应该具备基于数字经济的共生思维，能够从商业活动的系统视角出发，围绕顾客价值创造展开工作。同时，他们还需要具备灵活的应变能力和创新精神，能够不断适应数字化时代的变化和挑战。

数字技术正在全面重塑商业世界，为企业和工作者带来前所未有的机遇与挑战。为了提升工作成效，企业必须对工作系统进行根本性变革，将以完成任务为中心的传统工作系统变革为以顾客价值创造为中心的数字化工作系统。同时，企业还需要构建数字化工作模式，通过组建数字化团队、塑造数字化领导力和赋能数字化个体来提升团队的协作能力和创造力。只有这样，企业才能在数字化时代取得更好的工作成效，跟上时代的发展步伐，实现持续的创新与成长。

## 三、数字经济背景下数字化工作方式及其特点

### （一）新工作方式及其特征

通过对就业市场的深度剖析与广泛调研，特别是对那些身处变革前沿的企业、平台以及人力资源部门的全方位实地走访，我们得以窥见一个宏大的时代变迁——从"工业化"稳步向"数字化"转型。这一转型不仅深刻影响着经济的结构与形态，更在悄然间重塑着人们的就业观念与工作方式。它标志着从传统的、以组织为核心的"就业"模式，向更加灵活、个性化且以任务为导向的"工作"模式的根本性转变。这种转变不是表面上的术语替换，而是蕴含着深刻的社会经济逻辑与技术驱动的必然结果。

1. 从组织型就业到自主型工作的飞跃

在工业化时代，组织型就业作为一种高效的资源配置方式，曾凭借其稳定性、规范性成为主流。科斯的理论揭示，在交易成本高昂的市场环境下，企业作为一种组织形式，通过内部化管理，有效降低了交易成本，实现了资源的优化配置。然而，这一模式也带来了显著的副作用：劳动者被紧紧束缚在特定的组织框架内，他们的创造力与个性发展受到严重限制。在"泰勒规则"的严格要求下，劳动者成为生产线上的螺丝钉，缺乏自主性与创新性，工作满意度与生活质量因此大打折扣。

数字技术的兴起，如同一股强劲的春风，吹散了工业化就业模式的阴霾。互联网、大数据、人工智能等技术的融合应用，为劳动者提供了前所未有的自主选择空间。自主型工作模式应运而生，它强调个体的主观能动性，鼓励劳动者根据自身兴趣、能力与市场需求，灵活选择工作项目、时间与地点。数字技术平台，如在线医疗咨询、外卖配送、共享单车运维、网约车服务等，成为连接劳动者与消费者的桥梁，使得工作不再受限于传统的组织边界，而能够跨越时空，实现全球范围内的资源优化配置。

在自主型工作模式下，劳动者不再是被动接受组织安排的角色，而是自己职业生涯的掌舵人。他们可以根据个人情况，选择全职、兼职、项目制或远程等多种工作形式，实现工作与生活的平衡。同时，数字技术也为劳动者提供了展示自我、提升技能的平台，促进个人品牌的建立与职业路径的多元发展。对于企业而言，自主型工作模式降低了人力成本，提高了管理效率，更重要的是，它激发了员工的创造力与忠诚度，为企业带来了持续的竞争优势。

2. 从集中型就业到分布型工作的转型

工业经济时代，集中型就业模式以其高效、可控的特点，成为推动经济快速发展的关键力量。然而，这种高度集中化的工作模式也带来了诸多挑战。一方面，它要求劳动者在固定的时间、地点进行重复性劳动，限制了工作的灵活性与创新性；另一方面，集中的工作模式在面对突发事件时显得尤为脆弱，一旦某个环节出现问题，整条生产链都可能陷入停滞，造成巨大的经济损失。

数字技术的广泛应用，为打破这一僵局提供了可能。云计算、物联网、远程通信等技术的集成，使得工作不再局限于特定的物理空间，可以随时随地进行。分布型工作模式由此兴起，它强调工作的分散化、网络化与协同性。企业可以通过数字技术平台，实现远程办公、在线协作、云存储与分享，极大地提高了工作效率与响应速度。同时，分布型工作模式也降低了对地理位置的依赖，使得企业能够更灵活地配置资源，拓展市场边界。

对于劳动者而言，分布型工作模式带来了前所未有的自由与便利。他们可以在家中、咖啡馆、共享办公空间等任何地方开展工作，避免了通勤的烦恼与时间浪费。同时，数字技术也使得跨地域、跨文化的合作成为可能，劳动者可以接触到更广阔的知识体系与市场信息，从而促进个人能力的全面提升。此外，分布型工作模式还有助于缓解城市拥堵、环境污染等问题，促进社会的可持续发展。

3. 从单一型就业到多元型工作的转变

在工业化时代，单一型就业模式以其稳定、可预测的特点，成为大多数人职业生涯的默认选择。然而，这种模式的刚性与封闭性，也限制了劳动者的职业发展与个人成长。在"单一雇主、单一岗位、单一关系"的框架下，劳动者往往难以跳出既定的职业藩篱，探索新的可能。同时，企业也面临着人力资本配置不灵活、创新能力不足的问题。

数字技术的快速发展，为打破这一僵局提供了强大的动力。多元型工作模式应运而生，它鼓励劳动者根据个人兴趣、能力与市场需求，灵活选择工作类型、雇主与职业路径。在多元型工作模式中，劳动者可以是自由职业者、远程工作者、创业者，也可以是兼职者或项目制工作者。他们可以在不同领域、不同行业间自由穿梭，实现职业身份的多元化与交叉融合。

多元型工作模式不仅为劳动者提供了更多的选择机会，也促进了社会的创新与活力。在数字化时代，创新成为推动经济发展的核心动力，而多元型工作模式正是创新的重要源泉。它鼓励劳动者跨界合作，将不同领域的知识与技能相融合，产生新的创意与解决方案。同时，多元型工作模式也促进了人才的流动与优化配置，使得企业能够更好地适应市场变化，抓住发展机遇。

对于企业而言，多元型工作模式意味着更加灵活的人力资源配置与更高的组织效能。企业可以根据项目需求，快速组建跨领域、跨文化的团队，实现资源的优化配置与协同创新。同时，多元型工作模式也促进了企业文化的开放与包容，让员工增强归属感与忠诚度。在竞争日益激烈的市场环境中，多元型工作模式成为企业保持竞争力、实现可持续发展的关键。

4. 自主和多元的工作范式

数字技术的广泛应用正在深刻改变着人们的就业方式与工作模式。从组织型就业到自主型工作、从集中型就业到分布型工作、从单一型就业到多元型工作，这一系列转变不仅体现了技术进步对社会的深远影响，也反映了人们对工作与生活质量的更高追求。

在数字时代，自主型工作模式让劳动者拥有了更多的选择权与决策权，促进了个人潜能的充分发挥与职业路径的多元发展。分布型工作模式则打破了地域与时间的限制，提高了工作效率与资源利用效率，同时也为环境保护与社会可持续发展作出了贡献。多元型工作模式则鼓励劳动者跨界合作、勇于创新，为社会的繁荣与进步注入了源源不断的活力。

然而，数字时代的工作范式转变也带来了一系列挑战。如何保障劳动者的权益与福利？如何确保数字技术的公平与可持续发展？如何构建适应新工作模式的企业文化与管理机制？这些都是需要我们深入思考与解决的问题。只有不断探索与创新，我们才能更好地适应数字时代的变革，实现工作与生活的和谐。

（二）新工作方式的构建——智能协同

在构建数字化商业活动管理系统的过程中，深入理解和精准把握客户的价值诉求是至关重要的一环。随着数字技术的飞速发展，企业的工作方式正经历着前所未有的变革，而"智能协同"作为一种新兴的工作模式，正逐渐成为推动企业数字化转型的关键力量。这一模式强调以客户价值为核心，通过高效协同合作，实现数字工作个体的全面赋能，进而推动企业在数字化浪潮中稳步前行。

1. 确立数字工作战略

在确立数字工作战略时,企业需将顾客价值置于首位。数字化背景下,顾客的需求更加多元化、个性化,企业需通过深入的市场调研和数据分析,精准捕捉顾客的真实需求,以此为导向来制定工作策略。互动,作为连接企业与顾客的重要桥梁,应被融入战略的每一个环节。企业应根据业务流程,科学合理地分配工作角色,通过高质量的复合设计,确保每个角色都能为最大化顾客价值作出贡献。在评估角色行为时,企业应建立以顾客价值创造为标准的评价体系,激励员工不断创新,提升服务质量和效率。

2. 构建数字工作组织

构建数字工作组织是智能协同模式的重要组成部分。与传统企业单独确立发展目标和路径的模式不同,数字时代的企业需充分考虑所有参与数字化商业活动的主体诉求。这包括供应商、合作伙伴、顾客以及企业内部员工等多元主体。企业应基于共同的目标和愿景,构建一个协同性强、主体赋能、多元参与的管理体系。在这个体系中,各参与主体能够充分表达自身诉求,共同参与决策过程,形成合力推动企业发展。同时,企业还需建立合理的价值分配和财务分配机制,确保各参与主体的利益得到保障,从而激发他们的积极性和创造力。

3. 赋能数字工作个体

在赋能数字工作个体方面,智能协同模式同样发挥着重要作用。在数字组织中,个体通过输入自身终端信息,即可进入线上空间,与众多活动主体进行高效协作。借助人工智能、大数据等先进技术,企业能够实时掌握个体的工作状态、能力特长等信息,为个体提供定制化的赋能服务。这不仅有助于提升个体的工作效率和质量,还能促进个体之间的知识共享和技能互补,形成良性循环。同时,智能协同模式还鼓励个体积极参与线上线下的交流活动,通过不断的互动和学习,提升自身的综合素质和创新能力。

从商业活动的实践来看,智能协同模式已经取得了显著成效。在各行各业中,企业通过与顾客、供应商等多元主体的紧密协作,成功挖掘出了数字化顾客价值的巨大潜力。这不仅提升了企业的市场竞争力,还为顾客带来了更加便捷、高效的服务体验。然而,智能协同模式的成功并非一蹴而就,它需要企业在实践中不断探索和完善。企业应注重提升主体之间的协调效果和交流质量,确保工作方式真正有效。同时,企业还需紧跟技术发展的步伐,不断创新和升级智能协同模式，以适应不断变化的市场环境和顾客需求。

### （三）新工作方式的价值

在数字化时代背景下，业务活动、产业活动及运营活动的沟通与协同价值日益凸显，成为推动企业转型升级、实现可持续发展的关键要素。数字技术的广泛应用，不仅改变了传统的工作方式，更在深层次上重塑了企业与顾客、合作伙伴之间的互动关系，为创造更加丰富的数字化顾客价值提供了无限可能。

1. 数字化业务活动的沟通与协同价值

数字化业务活动的沟通与协同价值体现在其能够打破时空限制，实现多元主体的即时互动与信息共享。以达美乐比萨为例，该品牌通过综合运用视频会议、网上论坛、官方直播等多种数字化沟通手段，与顾客建立了紧密的联系。顾客可以随时随地参与比萨的制作过程，自主选择食材，定制专属口味，并通过线上平台分享自己的创意和体验。这种互动不仅增强了顾客的参与感和满意度，还为达美乐提供了宝贵的市场反馈，帮助其不断优化产品，提升品牌形象。同时，通过设立"比萨大亨"等活动，鼓励顾客分享和推荐优秀配方，进一步激发了顾客的创造力和忠诚度，实现了顾客价值与企业价值的双赢。

2. 数字化产业活动的沟通与协同价值

在数字化产业活动中，沟通与协同的价值更加凸显。随着数字技术的深入渗透，企业对顾客需求的把握更加精准，对市场变化的反应更加敏捷。知名服装品牌韩都衣舍通过建立客户数据平台，深入挖掘和分析顾客的消费诉求，实现了经营模式的优化升级。他们采取小批量、多返单的策略，根据市场需求灵活调整产品结构和生产计划，有效降低了库存风险，提高了市场竞争力。这种以顾客为中心、以数据为驱动的产业活动模式，正是数字化沟通与协同价值的生动体现。

3. 数字化运营活动的沟通与协同价值

数字化运营活动中，沟通与协同的价值同样不容忽视。阿里巴巴通过淘宝网等业务活动平台，以及菜鸟网络、口碑网等协同平台，构建了一个完整的数字化运营生态系统。在这个系统中，顾客的数字化身份成为连接各个平台和服务的关键纽带。阿里巴巴能够基于顾客的历史购买记录、浏览行为等数据，为顾客提供个性化的推荐和服务。同时，通过协同平台，阿里巴巴还能与合作伙伴共享资源、协同作业，共同为顾客创造价值。这种智能化的运营方式，不仅提高了服务效率和质量，还极大地扩展了顾客价值的边界。

数字技术的应用不仅催生了数字化顾客和数字化商业活动，更在深层次上改变了企业的工作方式和运营模式。为了跟上数字化发展趋势，企业必须加快升级数字商业活动管理系统，推动工作方式智能协同化。智能协同工作方式强调多元主体的即时互动、信息共享和协同作业，能够有效提升企业的运营效率和创新能力，为顾客创造更加丰富的价值体验。因此，企业应积极拥抱数字化变革，充分利用数字技术的沟通与协同价值，推动自身在激烈的市场竞争中脱颖而出，实现可持续发展。

## 第三节　数字经济发展现状

### 一、我国数字经济发展战略

在 21 世纪的全球信息化浪潮中，中国以坚定的步伐迈进了数字时代的新纪元。早在 2013 年 8 月，国务院就发布了"宽带中国"战略实施方案，将宽带设施建设纳入国家战略性公共基础设施范畴。该战略设定了具体目标，如城市光纤到户、农村宽带进乡入村等，为数字经济的后续发展奠定了坚实基础。

2015 年 7 月，国务院发布《关于积极推进"互联网+"行动的指导意见》，旨在通过互联网与传统产业的深度融合，激发新的经济增长点。这一行动推动了大众创业、万众创新，促进了网络经济与实体经济的协同互动。

在此期间，中国政府还密集出台了一系列政策文件，如《中国制造 2025》《促进大数据发展行动纲要》《国家信息化发展战略纲要》等，为数字经济的发展提供了全方位的政策引导和技术支持。

2016 年 7 月 27 日，中共中央办公厅、国务院办公厅发布的《国家信息化发展战略纲要》，更是为未来十年的信息化发展绘制了清晰的蓝图，提出了"三步走"的战略方针。第一步，至 2020 年，要在关键核心技术领域取得国际领先地位，大幅提升信息产业的国际竞争力，使信息化成为驱动现代化建设的先导力量；第二步，至 2025 年，要建成国际领先的移动通信网络，彻底改变核心技术受制于人的局面，实现技术、产业、应用、安全的全面领先，培育一批具有国际竞争力的大型跨国网信企业；第三步，至 21 世纪中叶，信息化将全面支撑富强、民主、文明、和谐的社会主义现代化国家建设，中国将成为网络强国，在全球信息化发展中发挥引领作用。

2020年7月3日，中国信息通信研究院发布的《中国数字经济发展白皮书（2020年）》，是中国数字经济研究领域的又一重要成果。这份白皮书不仅连续第六年对数字经济进行深入剖析，还提出了数字经济"四化"框架：

一是数字产业化，作为数字经济发展的先导产业，正以前所未有的速度蓬勃发展。它涵盖了电子信息制造业、电信业、软件和信息技术服务业、互联网行业等多个领域，为数字经济提供了技术、产品、服务和解决方案的全方位支撑。5G、集成电路、软件、人工智能、大数据、云计算、区块链等前沿技术，正不断拓宽数字产业化的边界，催生出一个又一个新兴产业，为经济增长注入新的活力。

二是产业数字化，这也是数字经济发展的主战场。随着数字技术的广泛应用，传统产业正在经历一场深刻的变革。工业互联网、两化融合、智能制造、车联网、平台经济等融合型新产业新模式新业态不断涌现，极大地提升了生产效率和产出数量，为数字经济的发展开辟了广阔的空间。实体经济作为数字经济的落脚点，正通过数字化转型实现高质量发展，展现出前所未有的生机与活力。

三是数字化治理，这是数字经济健康快速发展的坚实保障。在数字化时代，政府治理模式也需与时俱进。通过运用数字技术，建立健全行政管理的制度体系，创新服务监管方式，可以实现行政决策、行政执行、行政组织、行政监督等体制的全面优化。多元治理、技管结合、数字化公共服务等新型治理模式正在逐步成熟，为数字经济的创新发展提供有力的制度支撑。

四是数据价值化，这是数字经济发展的核心要素。数据作为数字经济的关键生产资源，其价值化进程正加速推进。数据的可存储、可重用特性使其成为实体经济数字化、网络化、智能化发展的基础性战略资源。通过数据采集、数据标准、数据确权、数据标注、数据定价、数据交易、数据流转、数据保护等一系列操作，数据的价值得以充分挖掘和释放，为数字经济的发展注入源源不断的动力。

2023年2月27日，中共中央、国务院印发了《数字中国建设整体布局规划》，该规划提出到2025年的阶段性目标，包括数字基础设施高效联通、数据资源规模和质量加快提升、数据要素价值有效释放等。

2025年3月5日，国务院总理李强在政府工作报告中提出，要推动传统产业改造提升，加快制造业数字化转型，培育一批既懂行业又懂数字化的服务商，加大对中小企业数字化转型的支持。同时，要激发数字经济创新活力，持续推进"人工智能+"行动，支持大模型广泛应用，大力发展新一代智能终端和智能制造装备。

从农业革命到工业革命，再到如今的信息革命，每一次技术革新都深刻地改变了人类社会的面貌。如今，新一轮科技革命和产业变革正席卷全球，数据价值化加速推进，数字技术与实体经济深度融合，产业数字化应用潜能不断释放，新模式新业态层出不穷。将数据变成企业看得见、可运营的资产，不仅是国家与时代的号召，更是每一个企业、每一个个体在新时代背景下的必然选择。我国将以更加开放的姿态拥抱数字经济时代，不断深化数字技术的创新应用，推动数字产业化、产业数字化、数字化治理和数据价值化全面发展。

## 二、我国数字技术高新技术产业

当前，新一轮科技革命和产业变革正如火如荼地席卷全球，大数据、云计算、物联网、移动互联网（合称"大云物移"）以及人工智能、区块链等新技术层出不穷，它们相互交织、彼此融合，共同构建起一个数字化的新世界。在这个世界里，数字经济正以前所未有的速度改变着人类的生产和生活方式，成为推动经济增长的新动能。

### （一）"大云物移"

"大云物移"作为新一代互联网和信息技术产业发展的基础力量，其重要性不言而喻。大数据、云计算、物联网以及移动互联网，这四个要素相互依存、相互促进，共同推动着数字经济的蓬勃发展。

1. 大数据

大数据这个看似简单的词汇，实则蕴含着无穷的力量。它是数据体量超指数增长的现象，是人们在信息与实物之间活动投下的影子，具有"真""快""全"的特点。2015年9月，国务院发布的《促进大数据发展行动纲要》明确指出，大数据已成为推动经济转型发展的新动力、重塑国家竞争优势的新机遇以及提升政府治理能力的新途径。

大数据发展指数是衡量一个地方大数据发展水平的重要指标，它涵盖了政策环境、人才状况、投资热度、创新创业、产业发展以及网民信息等六个一级指标。然而，根据过往的测评结果，我国大数据发展总体仍处于起步阶段，尽管北京、广东、上海等地表现突出，但"投资热度"和"产业发展"得分相对较低，成为制约地方大数据发展的短板。

为了推动大数据产业的持续健康发展，国家各部门相继推出了一系列相关政策。从总体规划到行业细分领域，从理论基础到实际应用，大数据政策体系日益完善。例如，2025年1月10日，在北京召开的全国数据工作会议明确了2025年数据工作的重点任务，包括实现数字中国建设目标、推动数字经济和数字社会高质量发展、培育壮大全国一体化数据市场等。这些政策的推动，不仅积累了宝贵的大数据管理经验，还探索出了具有地方特色的大数据发展运营管理机制，加速提升了数据的开放程度。

然而，大数据发展仍面临诸多挑战。人才供需不平衡、数据管理体系尚未完善、数据安全风险突出等问题亟待解决。当前，市场对数据分析和系统研发岗位的需求尤为旺盛，但高端综合型人才短缺问题日益突出。为了应对这些挑战，我们需要从多个方面着手：促进供需精准对接，推动大数据技术进步；加强各方数据治理，发挥数据资产价值；优化行业整体环境，加快行业资源开放；实施融合发展战略，构建产业生态体系；加强校企合作，探索人才培养方式；完善法律制度，保障数据安全；突出地方特色，优化区域产业布局；产学研协作创新，加速基础设施建设。

2. 云计算

云计算的起源可以追溯到20世纪60年代，当时计算机科学家约翰·麦卡锡提出了"资源共享"的概念。然而，由于当时的技术和网络条件限制，这一概念并未得到实际应用。到了20世纪90年代，随着互联网的迅速普及和计算机性能的不断提升，人们开始意识到网络计算和存储的巨大潜力。2006年，埃瑞克·施密特在搜索引擎大会上首次正式提出了"云计算"概念，标志着云计算正式登上历史舞台，并引发了计算机领域的一场变革。

如今，云计算已经发展到较为成熟的阶段，以其强大的计算能力和灵活的服务模式，为各行各业提供了强有力的支持。云计算的应用形式多种多样，其中最为常见的就是网络搜索引擎和网络邮箱。搜索引擎如谷歌、百度等，利用云计算技术实现了海量数据的快速检索和精准匹配，让人们可以在任何时刻都能够搜索到想要的资源。而网络邮箱则通过云计算平台实现了邮件的实时发送和接收，极大地提高了沟通效率。

除了这些基础应用外，云计算还在许多领域发挥着重要作用。例如，"存储云"允许用户将本地的资源上传至云端，实现数据的远程备份和共享访问；"医疗云"利用云计算技术创建医疗健康服务的云平台，实现医疗资源的共享和医疗服务的智能化；"金融云"为银行、保险和基金等金融机构提供互联网处理和运行服务，降低运营成本，提高服务效率；"教育云"则将教育硬件资源虚拟化，传入互联网中，为教育机构和学生、教师提供一个便捷的教学和学习平台。

近年来，中国政府高度重视云计算产业的发展，出台了一系列政策以推动其高质量发展。2020年4月，国家发展改革委、中央网信办联合印发《关于推进"上云用数赋智"行动培育新经济发展实施方案》，推动数据赋能全产业链协同转型，并广泛将数字技术应用于政府管理服务，以提高决策科学性和服务效率。

同时，云智融合大模型的兴起，使得云计算与人工智能的深度融合成为企业核心竞争力的重要组成部分。据预测，2025年，中国AI云市场规模将突破200亿美元大关，增速高达45%。此外，绿色云计算也成为当前的发展热点。在"双碳"目标下，液冷数据中心、可再生能源供电等绿色技术成为云计算行业的投资热点。头部厂商如阿里云、腾讯云、华为云等纷纷加大在绿色云计算领域的投入，以降低能耗、提高能效。

3. 物联网

物联网作为数字世界的重要组成部分，正逐渐与产业应用相融合，成为智慧城市和信息化整体方案的主导。物联网的发展已经经历了从概念炒作、碎片化应用、闭环式发展阶段到跨界融合、集成创新和规模化发展的新阶段。它与我国新型工业化、城镇化、信息化、农业现代化建设深度对接，在传统产业转型升级、新型城镇化和智慧城市建设、人民生活质量不断提高方面发挥了重要作用。

物联网的应用场景广泛且多样。在智能家居领域，物联网技术让我们可以通过手机远程控制家电设备；在智慧城市领域，物联网技术可以实现对城市交通、环境、能源等各方面的智能监控和管理；在农业领域，物联网技术可以实现对农田环境的实时监测和精准施肥灌溉等。物联网的发展不仅提高了我们的生活质量和工作效率，还为各行各业的创新发展提供了新的机遇。

4. 移动互联网

移动互联网作为数字经济发展的基础条件之一，近年来发展迅速。它打破了时间和空间的限制，让我们可以随时随地接入互联网，享受数字生活带来的便利。移动互联网的发展已经进入稳定期，用户性别结构逐渐接近人口比例，移动应用的发展也转向精耕细作，市场更注重细分和个性化需求。

移动互联网的发展方向正在从业务改造转向模式创新。继生活方面的移动互联应用发展浪潮过后，生产领域、社会领域的应用将会迎来快速发展期。伴随着工业智能化时代的到来，以机器人、3D打印、智能家居、可穿戴设备、智能汽车为代表的新兴产业和新兴业态蓬勃发展，推动生产制造向数字化、网络化、智能化方向发展。移动互联网将在技术融合与产业升级方面起到关键作用，不仅方便人们的日常生活，还将进一步改变人们的工作方式。

平台融合也是移动互联网发展的一大趋势。移动端打破了行业界限，把原本互相独立的产业、行业及不同的机构与部门融合到一个数字化的网络平台。这种融合不仅提高了资源的利用效率，还为用户提供了更加便捷和全面的服务。例如，新闻客户端与政府公共服务相结合，让用户可以在获取新闻的同时了解政策和服务信息；购物平台、交通购票以及缴费理财三位一体，让用户可以在一个平台上满足多种生活需求。

未来，移动互联网还将与物联网以及金融科技结合得越来越紧密。物联网技术的发展将使得更多的设备连接到互联网中，形成万物互联的格局；而金融科技的发展将为移动互联网提供更加安全和便捷的支付和金融服务。这些技术的融合将推动移动互联网向更高层次发展，为数字经济注入新的活力。

（二）人工智能

人工智能（Artificial Intelligence，AI），是研究、开发用于模拟、延伸和扩展人的智能的理论、方法、技术及应用系统的一门新的技术科学。作为新一轮产业变革的核心驱动力和引领未来发展的战略技术，人工智能受到了各国政府的高度重视。

1. 人工智能的全球布局

多国政府于2016年前后相继发布了相关战略计划，以推动人工智能的发展。欧盟发布了《欧盟人脑计划》，旨在通过模拟人脑的工作原理来推动人工智能的发展；英国发布了《人工智能：未来决策制定的机遇与影响》，探讨了人工智能对未来社会和经济的影响以及应对策略。

全球各大科技公司也将发展人工智能作为未来的业务核心。Alphabet、IBM、Facebook、亚马逊、微软以及苹果等科技巨头纷纷加大在人工智能领域的研发投入，致力于推动人工智能技术的突破应用和突破。同时，这些公司还积极参与非营利组织"人工智能伙伴关系（Partnership on AI）"，致力于推进公众对人工智能技术的理解，并制定未来人工智能领域研究者的行为准则。

2. 中国人工智能的发展

中国作为全球最大的数字经济体之一，对人工智能的发展尤为重视。2017年，国务院发布《新一代人工智能发展规划》。该规划明确了我国人工智能发展的三步走战略目标：到2030年，人工智能核心产业规模超过1万亿元，带动相关产业规模超过10万亿元。近年来，政府工作报告多次强调要加快新兴产业发展，推动人工智能等研发应用。2024年《政府工作报告》首次将开展"人工智能+"行动写入其中，赋予人工智能实现技术变革、推动产业深度转型升级的重要意义。

工业和信息化部在2025年的重点工作任务中明确提出要实施"人工智能+制造"行动，加强通用大模型和行业大模型研发布局和重点场景应用。2025年《政府工作报告》提出，2025年将持续推进"人工智能+"行动，支持大模型广泛应用，还提出要大力发展智能网联新能源汽车、人工智能手机和电脑、智能机器人等新一代智能终端。

在资本和技术协同支持下，人工智能进入了快速进步期。在视觉识别和智能机器人等关键领域，中国企业取得了显著进展。例如，在视觉识别方面，通过深度学习算法和大规模图像数据集的构建，中国企业的图像识别和处理精度不断提高；在智能机器人方面，中国企业在算法、传感器、芯片等关键技术上取得了一系列突破，推动了智能机器人的广泛应用。

百度、阿里、腾讯等科技巨头对人工智能尤为重视。百度已完成人工智能技术体系的整合，将人工智能作为公司发展的关键；腾讯则侧重于图像识别方向的技术研发，其人脸识别、图片识别等技术在国际上处于领先地位；阿里也在积极布局人工智能，通过投资并购、内部研发等方式推动人工智能技术的发展。

## （三）区块链

区块链技术是比特币这一革命性数字货币的基石，自 2008 年由一位或一组化名为"中本聪"的神秘学者首次提出后，便以独树一帜的技术架构——分布式数据存储、点对点传输、共识机制以及复杂的加密算法，迅速成为全球科技界、经济界乃至政策制定者关注的焦点。这项技术不仅构建了一种前所未有的、基于算法的新型信任机制，更预示着一个去中心化、透明度高、安全性强的数字经济新时代的到来，对金融、供应链管理、版权保护、医疗健康、政府服务等多个行业产生了深远影响。

1. 区块链的全球发展浪潮

在全球范围内，区块链技术的发展势头可谓势不可当。各国政府和国际组织纷纷意识到区块链在提升行政效率、促进经济透明、加强数据安全等方面的潜力，纷纷将其纳入国家战略议程。例如，新加坡政府通过制定"新加坡区块链创新计划"，旨在打造一个支持区块链技术发展的生态系统；欧盟则启动了"区块链观察站与论坛"，以监测区块链技术的发展动态，并探索其在公共服务领域的应用。同时，多国央行正积极探索数字货币的研发，如中国的数字人民币、瑞典的 e-Krona 等，这些项目均基于区块链或类似技术，旨在提升金融体系的工作效率和安全性。

科技巨头和金融机构也不甘落后，纷纷布局区块链领域。谷歌、IBM、微软等科技公司正积极开发企业级区块链解决方案，为供应链金融、身份验证、数据共享等领域提供技术支持。而金融机构如摩根大通、高盛等，则通过创建自己的区块链平台或参与区块链联盟，探索跨境支付、资产证券化等传统金融业务的数字化转型。

2. 中国区块链的崛起之路

在中国，区块链技术同样展现出了蓬勃的生命力。自 2016 年起，中国政府开始重视区块链技术的研发与应用，将其视为推动数字经济高质量发展的重要引擎。政策层面，国家多部委联合发布了一系列指导意见，鼓励区块链技术的创新与应用，同时强调加强监管，确保技术健康发展。2023 年 12 月 28 日，工业和信息化部、中央网络安全和信息化委员会办公室、国家标准化管理委员会联合发布《区块链和分布式记账技术标准体系建设指南》，明确到 2025 年，初步形成支撑区块链发展的标准体系；到 2027 年，全面形成支撑区块链发展的标准体系。

企业界更是积极响应，万向控股、蚂蚁集团、微众银行、平安集团等金融科技企业，以及乐视金融、万达网络科技等互联网企业，纷纷加大区块链技术的研发投入，成立专门的研究机构或实验室，推动区块链技术在金融、供应链管理、版权保护等领域的落地应用。这些企业不仅致力于构建自主可控的区块链底层平台，还积极参与国际交流与合作，推动区块链技术标准的制定与国际化进程。

中国还成立了多个区块链联盟，如分布式总账基础协议联盟（China Ledger联盟）、金融区块链合作联盟（深圳）（Financial Blockchain Shenzhen Consortium，简称 FISCO）等，这些联盟汇聚了行业内外众多企业、研究机构和高校，通过资源共享、技术协同，加速了区块链技术的创新与应用推广。此外，多地政府也推出了区块链产业扶持政策，设立专项基金，支持区块链企业的孵化与成长，为区块链产业营造了良好的发展环境。

### 三、我国数字融合发展状况

#### （一）农业融合发展

我国农业的数字化转型正以前所未有的速度和规模推进，标志着传统农业向现代农业的深刻变革。这一过程不是单一数字农业技术的简单应用，而是向着数字集成化、高度智能化方向的迈进，旨在通过科技的力量全面提升农业生产的效率、精准度和可持续性。在这一转型浪潮中，电子技术、控制技术、传感技术与农机工程装备的深度融合，成为推动精准农业发展的核心动力。

精准农业，作为数字农业的高级形态，已经不再是概念上的蓝图，而是实实在在落地于广袤田野之上的行动。无人机技术的广泛应用就是一个缩影。从最初的农药喷洒，到如今涵盖土地确权、标准农田管理、航空植保以及农田灾害评估等多个环节的工作，无人机以其高效、灵活、精准的特点，极大地提升了农业作业的效率和精度。特别是在土地确权方面，无人机结合高分辨率影像技术和 GIS（地理信息系统），能够迅速完成地块边界的精确划定，为土地流转、权益保护提供强有力的技术支持。

与此同时，农业大数据与人工智能技术的融合应用，正逐步成为我国农村发展的新引擎。通过收集、分析海量的气象数据、土壤数据、作物生长数据等，结合机器学习、深度学习等算法，可以实现对农作物生长周期的精准预测、病虫害的早期预警以及最佳种植方案的智能选择。这种基于数据的决策支持，不仅能够提高农业生产的科学性，也可以促进农业资源的合理配置和高效利用。

数字农业服务的定制化，则是未来农业发展的又一重要趋势。随着消费者需求的多样化和个性化，农业生产也需要更加灵活、精准地满足市场需求。通过数字化平台，农户可以获取定制化的种植计划、病虫害防控方案、农产品销售策略等，实现农业生产与市场需求的无缝对接。这种服务模式不仅提升了农产品的附加值，也增强了农户的市场竞争力和盈利能力。

此外，数字农业的转型还促进了农业产业链的延伸和升级。从种植、养殖到加工、销售，每一个环节都可以通过数字化手段进行优化和改造，形成更加紧密、高效的产业链协同机制。这不仅有助于提升农产品生产者的整体效益，也为农村经济的发展注入了新的活力。

## （二）制造业融合发展

众多传统制造业的领军企业，诸如三一重工、中联重科、海尔以及中国商飞等，已然率先迈开了步伐，广泛采用先进的信息技术来革新生产模式，进而提升生产效率，并不断拓宽企业的价值创造空间。这一趋势与2015年5月国务院正式发布的《中国制造2025》战略蓝图紧密相连。该战略明确提出了一个分"三步走"的宏伟计划，旨在将中国打造成为真正的制造业强国。《中国制造2025》具体内容如下：在首个十年里，力求使中国能够稳步踏入制造强国的行列，通过技术革新和产业升级，为后续的快速发展奠定坚实基础。接着，至2035年，让中国的制造业整体实力提升至世界制造强国阵营的中等水平，这意味着在多个关键领域，中国将具备与国际先进水平相抗衡的实力。而最终的愿景，则是在2045年之时，中国制造业的大国地位得到进一步巩固，其综合实力跃居世界制造强国前列。在这一阶段，中国制造业不仅将在主要领域内展现出创新引领的能力，还将拥有显著的竞争优势。更为关键的是，中国将建立起全球领先的技术体系和产业体系，从而在全球制造业的版图中占据举足轻重的地位。这一系列战略目标的提出，不仅为中国制造业的未来发展指明了方向，也为众多传统制造业企业规划了转型升级的明确路径。在《中国制造2025》的引领下，这些企业正以前所未有的决心和力度，加速推进信息化与工业化的深度融合，力求在新一轮的科技革命和产业变革中抢占先机，为中国制造业的辉煌未来贡献自己的力量。

《中国制造 2025》中明确了九项战略任务和重点：①提高国家制造业创新能力；②推进信息化与工业化深度融合；③强化工业基础能力；④加强质量品牌建设；⑤全面推行绿色制造；⑥大力推动重点领域突破发展；⑦深入推进制造业结构调整；⑧积极发展服务型制造和生产性服务业；⑨提高制造业国际化发展水平。

在结构调整方面，《中国制造 2025》强调要深入推进制造业的转型升级，同时积极发展服务型制造和生产性服务业，以拓展制造业的价值链。最后，提高制造业的国际化发展水平也是战略中的重要一环，旨在增强我国制造业在全球市场的竞争力和影响力。

响应这一战略号召，众多工业制造企业纷纷投身数字化转型，并取得了显著的阶段性成果。其中，海尔集团自主研发的 COSMOPlat 平台，无疑是这一转型过程中的佼佼者。该平台凭借对用户需求的精准捕捉和高效的生产流程，实现了大规模定制化生产的精准与高效。自 COSMOPlat 平台对外开放以来，已成功汇聚了超过亿级的用户资源和 300 万以上的生态合作伙伴，构建起了用户与资源、用户与企业、企业与资源之间的三个"双边市场"。COSMOPlat 平台的应用范围已经跨越了电子、船舶、纺织、装备制造、建筑、运输、化工等多个行业，形成了具有中国特色的新工业体系。这一成就不仅展示了海尔集团在数字化转型方面的深厚底蕴和创新能力，也为我国制造业的转型升级提供了宝贵的经验和示范。

**（三）服务业融合发展**

全球知名市场数据分析机构 CB Insights 的最新报告显示，当前我国创投领域最为炙手可热的三大板块分别是数字医疗、在线教育以及金融科技。尽管这些领域吸引了大量关注，但多数相关应用仍处在成长的初级阶段。以数字医疗为例，自诊与医学检查类应用仅占市场总量的 8%，而医疗信息检索类应用更是仅占 6%，显示出该领域巨大的发展潜力。

为了推动数字医疗的发展，我们必须高度重视信息技术的创新与应用。这包括但不限于与健康医疗紧密相关的人工智能技术、生物 3D 打印技术、医用机器人技术、可穿戴设备技术以及微型传感器技术等。这些前沿技术有望在疾病预防、应急保健以及日常护理等多个方面发挥重要作用，为数字医疗的全面发展注入新的活力。

在政策层面，我们应积极推进分级诊疗体系的建设，促进医疗资源的合理下沉，并完善远程会诊等便民服务措施。同时，建立完善的数字医疗体系和数据安全保障制度也是推进数字医疗工作的重中之重，以确保患者信息的安全。

在教育领域，教育部于2018年发布了《教育信息化2.0行动计划》，旨在全面推动我国教育信息化的发展进程。该计划的目标是构建一个与国家教育现代化发展目标相契合的教育信息化体系，确保人人都能享有优质的教育资源，并构建学习型社会的信息化支撑服务体系。2025年2月20日，教育部办公厅印发了《教育信息化标准化工作管理办法》。该办法旨在深入贯彻党的二十大和二十届三中全会精神，全面落实全国教育大会精神，加强教育信息化标准管理，提高标准制修订工作质量与效率，支撑国家教育数字化战略行动的实施。预计在不远的将来，我国的教育信息化水平将整体接近国际先进水平，为教育改革和发展提供强有力的支撑与引领。

至于金融科技，它作为金融机构与科技企业交汇融合的产物，与传统的互联网金融有着本质的区别。金融科技并非简单地将互联网作为金融产品的营销渠道，而是依托大数据、云计算、移动互联、区块链、人工智能等新一代信息技术手段，对金融行业的运作范式进行革新与升级。通过提高金融行业的工作效率，金融科技能够帮助金融机构完成以往难以完成或成本高昂的任务。

作为金融行业升级的基础设施，金融科技的产业链覆盖了资产获取、资产生成、资金对接以及场景深入等金融业务流程的各个环节。其业务内涵也极为丰富多样，包括系统构建、电子支付、网络信贷、大金融（各类金融产品的代销服务）以及生活科技等多个方面。随着金融科技的不断发展与创新，我们有理由相信它将为金融行业创造更加广阔的发展前景。

### 四、数字技术催生共享经济

信息技术的迅猛发展，为数字经济的蓬勃兴起开辟了广袤无垠的创新天地。移动互联网与物联网的深度融合，不仅极大地促进了信息的自由流通与共享，还催生了一种崭新的经济形态——分享经济。在这一经济形态的影响下，企业与个人能够借助互联网这一平台，将海量的碎片化资源进行高效利用，涵盖土地、房屋、产品、劳动力、知识、时间、设备、生产能力等多个维度，从而显著提升了全社会的资源配置效率与资源利用水平。分享经济作为一种与我国国情高度契合、能够充分发挥我国庞大网民基数优势的经济形式，正展现出越来越强大的生命力。

以共享单车为例。追溯共享单车的历史，其最早于1965年在阿姆斯特丹崭露头角，而后在2007年开始在欧美国家逐渐流行。时至今日，美国纽约等城市的共享单车依然保持着传统的风格：设有固定的停车桩，自行车尾部配备信用卡刷卡设备，且使用费用与押金均相对较高。相比之下，我国作为自行车大国，骑自行车的人数一直位居全球之首，这为共享单车在我国迅速普及奠定了坚实的基础。特别是基于二维码的移动互联网支付技术的广泛应用，以其简单便捷的特点，使得共享单车在我国一经推出便迅速走红。当前，市场上已投放了数千万辆共享单车，注册用户数量更是突破亿级大关。

共享经济在快速发展的过程中，不仅为大众带来了前所未有的创新服务模式，更在促进就业、提高社会资源运转效率方面发挥了重要作用。如今，共享经济已成为推动社会经济发展的新动能。随着相关政策的不断完善与公众认知水平的持续提升，共享经济行业将继续保持快速而有序的发展态势，为构建更加高效、绿色、可持续的经济体系贡献力量。

## 五、我国发展数字经济面临的挑战

### （一）数字鸿沟

数字鸿沟是指在信息技术不断演进的过程中，因各国、各地区、各产业以及各社会阶层之间数字化发展步伐的不一致，所产生的在基础设施建设、居民数字技能掌握以及数字信息内容开放共享程度上的显著差异。[①]

近年来，虽然我国宽带覆盖率持续提升，网民规模不断扩大，但城乡之间以及东西部地区的数字鸿沟问题日益凸显。这一情况的加剧，部分原因可归结为数字素养的显著差异。数字素养，即个体获取、理解并有效整合数字信息的能力，涵盖了网络检索、超文本阅读、数字信息的批判性分析与整合等多方面技能，简而言之，就是能从数字信息中提炼价值的能力。在当下的数字时代，数字素养已成为各行各业对从业人员的基本素质要求。因此，加强数字化教育、全面提升国民的数字素养，对于我国迈向数字强国具有重要意义。

另外，数字信息内容的公开程度也是导致数字鸿沟出现的重要因素。数据与信息的开放不足，会直接导致民众和企业在信息获取及应用上面临重重困难，进而拖慢数字化进程，对数字经济的蓬勃发展构成阻碍。

---

① 阮闯．企业大脑：人工智能时代的全数字化转型[M]．北京：经济管理出版社，2017．

## （二）数据质量

在当今数据被视为核心资源的时代背景下，数据质量的优劣直接影响着社会各界对资源的有效利用程度。ISO9000 质量管理体系将数据质量精确定义为"数据所具备的一系列固有属性满足数据使用者需求的程度"。这些固有属性涵盖了数据的真实性（即数据能否真实映照客观世界）、及时性（即数据更新得是否迅速）以及相关性（即数据是否紧密贴合使用者的关注点和需求）。同时，优质数据还需具备完整性（无遗漏）、安全性（无非法访问风险）以及可理解性（能够被清晰解读和阐释）等特性。

数据质量受诸多因素的影响，其中数据的多源性便是一个重要方面。当同一数据源自多个不同渠道时，确保数据值的一致性以及更新的同步性就变得尤为困难。而数据质量受损的另一个核心原因在于复杂数据的表示方式缺乏统一性和明确标准。随着大数据技术的飞速发展，每日都会产生海量的多维度、异构数据。如何对这些复杂数据进行统一编码，以实现数据间的顺畅兼容与高效融合，仍是当前亟待解决的技术难题。

## （三）信息安全

近年来，信息安全所面临的威胁呈现出逐年加剧的态势。DDOS（分布式拒绝服务）攻击近年来持续升级，其强度和复杂性不断增加。例如，网络服务提供商 Cloudflare 披露了一起发生在 2024 年 10 月 29 日的 DDOS 攻击，其攻击流量峰值达到了惊人的 5.6Tbps，这一数据远超 2015 年所记录的 500Gbps 的攻击峰值，刷新了世界纪录。这次攻击由基于 Mirai 的僵尸网络发起，目标直指东亚某互联网服务提供商（ISP）。随着网络安全威胁的不断加剧，全球在网络安全方面的支出也在持续增长。据 Gartner 机构的预测数据显示，预计到 2025 年年末，全球信息安全领域的终端用户支出将恢复性增长，达到 2120 亿美元，相比 2024 年的 1839 亿美元，增长率高达 15.1%。据预测，到 2025 年年末，全球网络犯罪成本预计将达到每年 10.5 万亿美元。这一数字凸显了网络犯罪活动的日益猖獗和其对全球经济造成的巨大冲击。

然而，当前企业的网络安全预算普遍偏低，且许多公司在遭遇网络入侵后，出于担心声誉受损、安全预算攀升以及害怕激怒网络犯罪分子等多重顾虑，往往选择秘而不宣。与此同时，个人在网络安全方面的消费支出也明显不足，安全防范意识普遍淡薄，多数网民往往是在遭受网络攻击之后才意识到需要投入资金来加强防护。

因此，为了推动数字经济的健康发展，我们必须高度重视网络安全问题。这包括加强网络安全的监管力度，努力掌握核心技术，以及全面提升民众的网络安全防范意识。这些举措共同构成了发展数字经济不可或缺的重要一环。

### （四）法律法规

当前，数字经济发展所面临的一大严峻挑战在于相关法律法规的滞后性。随着数字经济的蓬勃兴起，传统的定时定点工作岗位正逐渐减少，取而代之的是大量涌现的兼职、自我雇佣等灵活就业形式。然而，现有的《中华人民共和国劳动合同法》《中华人民共和国社会保险法》，以及《中华人民共和国社会保险费征缴暂行条例》等法律法规，却未能为这些灵活就业者提供充分而有效的社会保障支持。[①]

数字知识产权的保护在当今数字化时代显得尤为重要。随着数字技术的飞速发展，数字产品如音乐、媒体、游戏等已成为人们日常生活不可或缺的一部分。英国就深刻认识到了这一点，在其《数字经济2010》报告中，着重强调了对数字产品著作权的规范与保护。这不仅是对创作者劳动成果的尊重，更是维护市场秩序、促进数字产业健康发展的必要举措。2021年9月，中共中央、国务院发布《知识产权强国建设纲要（2021—2035年）》，纲要特别提到要研究构建数据知识产权保护规则，为数字知识产权的发展提供了政策导向和支持。

然而，数字知识产权的保护并不仅仅局限于著作权。随着大数据时代的到来，数据产权问题也日益凸显。数据作为新的生产要素，其价值不言而喻。但数据的保管、处理、应用及交易等环节，却面临着诸多法律空白。所有者、拥有者、使用者和管理者之间的责、权、利如何划分，目前尚缺乏明确的法律规定。这不仅可能导致出现数据滥用、泄露等风险，还可能引发一系列法律纠纷。

与此同时，一些传统的管理制度也面临着严峻的挑战。这些制度往往过于落后与僵化，难以适应数字经济去中心化、跨区域、跨行业及灵活多变的特性。在这种背景下，如果沿用这些传统制度，无疑会制约数字经济的发展。因此，我们需要积极探索新的管理制度，以适应数字经济的时代要求。这既是对数字经济发展的保障，也是对社会进步的推动。只有不断完善数字知识产权的保护和管理制度，我们才能更好地迎接数字时代的到来，享受数字技术带来的便捷与乐趣。

---

① 王丹洋. 数字经济下关于我国税收征管的探讨[D]. 石家庄：河北经贸大学，2020.

## 第四节 数字经济发展趋势

### 一、数字经济带来的变革

与传统经济相比,数字经济在生产要素、增长动力、产业结构以及经济组织方式等多个层面带来了前所未有的创新与变革,正逐步重塑着全球经济的面貌。

#### (一)生产要素的深刻变革

在数字经济时代,数据作为一种新的生产要素,其地位日益凸显,与土地、资本、劳动力等传统生产要素并驾齐驱,甚至在某些领域超越了它们的价值。随着信息通信技术(ICT)的迅猛发展,信息系统在各行业、各领域的广泛普及,数据量呈现爆炸式增长,其蕴含的巨大价值也逐渐被挖掘和认识。数据已成为经济组织之间生产、加工、交易的核心对象之一,如同农业时代的土地,成为推动经济发展的"基本生产资料"。

数据的价值不仅在于其本身的丰富性和多样性,更在于通过先进的数据获取、存储、分析技术,能够从中提炼出有价值的信息,为决策提供支持,从而优化资源配置,提高生产效率。大数据产业的兴起,正是数据价值释放的直接体现。大数据在金融、医疗、教育、交通、零售等多个领域的应用,不仅推动了这些行业的数字化转型,更对全球生产、流通、分配、消费活动以及经济运行机制产生了深远影响。

数据与传统生产要素的关系,是数字经济发展中一个值得深入探讨的问题。如何让数据与传统土地、资本、劳动力等要素相结合,使其发挥各自的优势,实现资源的优化配置和高效利用,是数字经济时代面临的重要课题。同时,数据的产权归属、隐私保护、安全监管等问题,也需要我们建立健全相应的法律法规体系,为数字经济的健康发展提供有力保障。

#### (二)经济增长的新引擎

数字经济已成为引领经济增长的新动能,这是不争的事实。ICT产业的飞速发展,不仅使自身成为创新最活跃的领域之一,更通过与传统产业的深度融合，推动了整个经济的快速增长。与传统工业经济相比，数字经济在增长动力上呈现出显著的差异。传统工业经济在增长过程中往往面临规模报酬递减的问题，即随着生产规模的扩大，单位要素投入对应的产出逐渐减少。而数字经济则呈现出规模报酬递增的特点，随着对数据等要素的投入增加，单位要素投入对应的产出反而增加，这得益于ICT技术的"网络效应"和"数据效应"作用。

数字经济的技术进步速度也远超传统工业经济。ICT技术的不断创新和迭代，为数字经济的快速增长提供了强大的技术支撑。同时，ICT技术与传统产业现有技术的融合，也极大地促进了这些产业的技术进步和附加值提升。例如，在汽车制造、机械电子等传统制造行业，通过引入先进的ICT技术，实现了生产过程的智能化、自动化和柔性化，提高了生产效率和产品质量，降低了生产成本和能耗。

随着数字化转型在各行各业的深入推进，数字经济在推动全球经济增长方面将释放出更大的潜力。数字经济不仅为经济增长提供了新的动力源泉，更通过优化资源配置、提高生产效率、促进产业升级等方式，为经济的可持续发展注入了新的活力。

**（三）产业结构的重塑与边界的模糊**

数字经济的另一个显著特点是数字化进程从需求端逐渐向供给端渗透。在这一过程中，原有的产业结构正在发生深刻变化，产业边界变得日益模糊，产业融合成为主旋律。电子商务的蓬勃发展是需求端数字化转型的典型代表，它极大地促进了商品和服务的在线交易，涌现出O2O服务、互联网金融、共享经济等一大批新模式、新业态。这些新业态不仅满足了消费者多样化的需求，更推动了服务业的数字化和跨界融合。

随着需求端数字化转型的深入，第三产业的比重不断提升，服务业的数字化已经形成良好的发展基础。同时，需求端的数字化转型也在推动供给端的数字化转型和升级。农业、制造业等传统行业在数字技术的推动下，发展理念和模式发生了巨大变化。从注重产品转向产品、服务并重，从生产/技术驱动转向客户需求驱动，从独立式发展转向融合型发展，从分散的资源配置转向高度融合的资源协同。这些变化不仅提高了传统行业的生产效率和产品的附加值，更推动了产业结构的优化和升级。

在数字化进程中，产业边界的模糊和产业融合的趋势日益明显。行业之间的界限被打破，新的产业形态和商业模式不断涌现。例如，互联网与金融的结合催生了互联网金融，互联网与零售的结合催生了电子商务，互联网与制造业的结合则推动了智能制造的发展。这些新兴产业的崛起，不仅为经济增长提供了新的动力，更为产业结构的优化和升级提供了新的路径。

### （四）经济组织方式与生产管理体系的重构

数字化进程中的经济组织方式与传统工业化进程中的经济组织方式相比，发生了重大变革。在数字经济时代，以互联网为基础的高新科技发展使企业间的信息流通和交易更加高效、便捷，交易成本显著降低。通过网络实现经济活动的再组织变得前所未有地方便、快速且成本低廉。企业间的关系通过互联网平台形成新的分工和结构，生产管理体系趋于平台化和生态化。

在工业经济时代，生产管理体系注重建立"科学的管理方式"，以提高效率、降低成本为宗旨。而数字经济时代则更加注重"生态"的建设。平台管理方、硬件生产商、软件开发商、用户等各方共同参与，形成了一个紧密相连的生态系统。在这个生态系统中，各方通过共享资源、协同创新、互利共赢的方式，共同推动数字经济的发展。

### （五）数字经济催生了一大批数字员工

随着企业数字化业务的广泛和深入发展，一种全新的劳动力模式——数字员工应运而生。数字员工，这一基于企业丰富数字化业务系统的新兴产物，以RPA自动化技术为核心，融合了云计算、大数据、AI等前沿技术，实现了智能化服务的飞跃。通过虚拟人技术的加持，数字员工被赋予了人格化的特征，成为企业员工在数字孪生世界中的得力助手。

数字员工是数字世界的居民，其存在与发挥价值均离不开企业广泛且深入的数字化业务系统。这些业务系统不仅为数字员工提供了诞生的条件，还为其提供了业务技能的重要来源。以费用报销机器人为例，正是费用报销系统的存在，使得数字员工能够在数字世界中办理费用报销业务，实现自动化处理，如检查费用预算额度、通信费标准、住宿费标准等。

数字员工的强大之处在于其结合了人工智能、机器学习、RPA和分析技术，实现了业务功能的端到端自动化。随着这些技术的日益成熟和广泛应用，数字员工的理念也逐渐被各行业所接受。行业调研结果显示，未来在简单劳动、数据处理、数据采集等工种中，部署数字员工的可能性已超过半数。数字员工作为具有突破性的劳动力模式，正加速推动着传统用工模式的变革。

数字员工是中国企业数字化转型的里程碑，原因有如下几点：

一是中国是数字员工领域的全球领导者。在中国，ICT 产业的强劲竞争力为企业经营管理领域的数字化能力提供了坚实的基础。在 RPA、AI、大数据等技术和系统方面，中国已拥有独立自主的产业能力，部分技术甚至达到了全球领先水平，彻底摆脱了技术受制于人的局面。

二是数字员工是中国企业数字化转型的必然阶段。近年来，数字员工迅速渗透至各行各业，引发了市场的广泛关注。越来越多的事实证明，数字员工是企业数字化未来发展的必然趋势，也是衡量企业数字化能力水平的重要指标。

三是数字员工是下一个劳动力红利。面对未来巨大的养老负担和劳动力缺乏的挑战，用数字劳动力替代人口劳动力已成为迫在眉睫的任务。通过数字员工提高劳动效率，是未来的必然方向，也是下一个劳动力红利。企业应未雨绸缪，提前布局数字员工，继而在未来劳动力竞争中占据优势。

四是数字员工是数字技术发展的必然产物。从第一次工业革命至今，每一次技术迭代都催生了新的生产方式。随着计算机技术、网络技术、通信技术和云计算的发展，企业数字化转型不断迈上新的台阶。如今，RPA 流程自动化和 AI 人工智能等智能化技术已日趋成熟，应用成本也在不断降低。加上技术门槛的降低、从业人员的增多以及成功实践的积累，虚拟人技术也在蓬勃发展。这些为数字员工的普及提供了成熟的技术条件。

五是数字员工是人类操控数字世界的伙伴。经过 60 余年的发展，信息系统已日益完善，企业数字化转型也在不断深入。随着企业数字化程度的提高，系统、数据不断增多，数字孪生的企业已初具规模。这为数字员工的生存和发展壮大提供了广阔的空间。同时，数字员工也将成为企业员工在复杂系统和海量数据中的得力助手，帮助他们更有效、更准确地使用这些资源。

六是数字员工是中国企业数字竞争力水平的体现。在日益数字化的世界中，构建数字世界的企业数字竞争力是企业未来竞争制胜的关键。那些率先布局数字员工的企业，无疑将在竞争中占据优势地位。随着"90 后""00 后"等新一代职场主力的崛起，他们习惯并要求在智能化的数字环境中开展工作。数字员工的使用很可能成为新时代人类的工作方式以及企业连接市场的方式，也将成为企业未来数字竞争力的重要标志。

## 二、数字经济发展趋势的分析

### (一) 数字经济发展阶段

数字经济的演进如同科技发展的缩影,可以分为三个发展阶段:数字经济 1.0、数字经济 2.0 与数字经济 3.0。这三个阶段不仅见证了技术的飞跃,更引领了经济形态与商业模式的深刻变革。

1. 数字经济 1.0

回溯至数字经济的萌芽期,直至 21 世纪的第一个十年,我们称之为数字经济 1.0 阶段。这一时期,互联网应用如同初升的太阳,缓缓照亮传统行业的天空。IT 技术作为这一阶段的核心驱动力,被广泛应用于各行各业,显著提升了经济系统的运行效率,降低了运营成本。信息产业的崛起,特别是 IT 设备制造与软件开发的蓬勃发展,为数字经济的后续繁荣奠定了坚实基础。尽管此时移动互联网与电子商务尚处稚嫩阶段,但互联网的初步应用已展现出其重塑商业生态的潜力。这一阶段的数字经济以 IT 技术的普及与渗透为核心特征,为后续的数字经济发展铺设了坚实的基石。

2. 数字经济 2.0

时间推进至 2010 年,数字经济迎来了一个全新的时代——数字经济 2.0。移动互联的广泛应用与电子商务的蓬勃发展,特别是工业互联网的兴起,共同推动了数字经济的爆发式增长。数字经济 2.0 的核心在于 DT(数据技术)的广泛应用。万物在线互联,数据成为驱动商业模式创新与发展的核心力量。依托"云网端"这一新型基础设施,数字经济 2.0 催生了互联网平台经济这一全新模式,带来了商业模式、组织模式与就业模式的深刻变革。

与数字经济 1.0 相比,数字经济 2.0 在技术水平、业务方向与组织架构上均展现出显著差异:

(1) 平台化成为数字经济 2.0 的基石。互联网平台依托"云网端"基础设施,打破了工业经济供应链中的信息壁垒,实现了供应商与消费者的直接对话。信息的透明与沟通成本的降低,促进了大规模协作的形成。中小企业通过接入平台,获得了直接服务消费者的机会,构建了丰富的生态体系。以阿里巴巴为例,其平台不仅提供基础服务,还汇聚了数万家服务商,为千万商家提供个性化服务,实现了超大规模的分工协作。

(2) DT 化是数字经济 2.0 的另一大特征。与工业时代以 IT 技术为核心的数字化不同，数字经济 2.0 时代的数据流动与共享跨越了企业边界，编织出全新的生态网络与价值网络。云计算的广泛应用模糊了企业内外 IT 的界限，促进了公司间业务流程的无缝对接与协作，为商业生态系统的建立与完善提供了强大动力。

（3）普惠化则是数字经济 2.0 的又一亮点。在科技领域，云计算等按需服务业务形态降低了技术门槛与成本；在金融领域，大数据技术的应用推动了普惠金融的实现；在全球贸易领域，数字经济 2.0 带来了普惠贸易的全新局面，让各类贸易主体都能公平参与全球贸易并从中受益。这种"人人参与、共建共享"的特点，达成了普惠科技、普惠金融与普惠贸易的愿景。

3. 数字经济 3.0

近年来随着区块链、人工智能、大数据等技术的快速发展和应用，特别是在 2025 年前后，随着大语言模型和人工智能技术商业化应用的推进，数字经济 3.0 成为业界关注的焦点。数字经济正式迈入 3.0 时代。数字经济 3.0 是指用数字化手段赋能实体经济，特别是在制造业的深入应用。这一阶段的核心特征包括去中心化、智能化与融合化。

（1）去中心化。Web3.0 技术的兴起，特别是区块链的应用，推动了互联网从中心化向去中心化转变。用户数据被分布式存储，数据产权归用户所有，实现了信息的自主掌控与价值共享。

（2）智能化。人工智能与大数据的深度融合，使得数字经济 3.0 具备了更高级别的智能化水平。企业能够利用这些数据更精准地分析市场需求、优化生产流程、提升用户体验，实现智能化决策与运营。

（3）融合化。数字经济 3.0 推动数字技术与实体经济的深度融合。数字技术不仅应用于传统产业的生产和管理环节，还催生了新的商业模式和业态，如智能制造、智慧物流等，实现数字经济与实体经济的协同发展。

我国政府高度重视数字经济 3.0 的发展，出台了一系列政策文件予以支持。从国家战略层面到地方政府的具体措施，都为数字经济 3.0 的健康发展提供了有力保障。

**（二）数字经济发展的趋向**

在 21 世纪的科技浪潮中，数字经济正以前所未有的速度重塑着我们的生活与工作方式。随着 5G 网络的覆盖、工业互联网技术的广泛应用，以及万物互联程度的不断加深，一个全新的概念——"平台人"，正逐渐成为数字经济舞台上的新主角。同时，数据的"核爆"式增长，也在为这个新时代带来更多的不确定性与无限可能。

1."平台人"成为数字经济的新主角

在数字经济的浪潮中，"平台"已成为连接万物、汇聚资源的核心载体。随着社交网络和商品网络的深度融合，中国已经创造出了令人瞩目的数字奇迹，而这一切只是开始。未来，随着网络的进一步普及和深化，亿万人将工作和生活在各类平台之上，成为数字经济生态系统中的新新人类——"平台人"。

"平台人"这一概念的提出，不仅打破了地理距离的限制，还弱化了种族差异，为残障人士等弱势群体提供了更加公平且易获得的就业机会。在平台上，每一个个体都拥有平等的权利和机会，成为数字经济活动中的活跃主体。他们不再受限于传统的八小时工作制，而是可以通过平台实现自我雇佣和自由就业，灵活就业成为未来人们重要的就业形态。

基于互联网的"平台式创业"也将成为一种重要的就业方式。无数的平台将如雨后春笋般涌现，为社会创造上亿个就业机会，成为促进民生发展和社会稳定的重要基石。在这些平台上，大量高度细分、高度差异化的新职业将如雨后春笋般涌现，满足人们日益多样化的需求。

在"平台人"时代，每一个个体的创新、创业、创意、创造能力都将得到极大释放。人人设计、人人制造、人人销售、人人消费、人人贸易、人人银行、人人物流等新的生产经营模式将逐步涌现，打破传统产业链的界限，实现资源的优化配置和高效利用。众创、众设将成为企业技术研发和产品设计的重要方式，而4D打印等新型制造模式则将满足人们个性化、便捷化的需求。

随着智能化技术的发展，"平台人"的工作将变得越来越简单。人类将逐渐从繁重、重复的劳动中解放出来，更多地倾向于从事音乐家、数学家、运动员、服装设计师、瑜伽大师、小说作者等富有创造性的职业。他们将成为给机器人安排任务的"主人"，与机器形成共生共存的关系，共同推动数字经济的繁荣发展。

2.数据"核爆"带来更多的不确定性与机遇

在数字经济时代，数据已成为最宝贵的资源之一。随着物联网、移动互联网的提档升级，超过万亿个传感器将接入互联网，使得数据汇聚的速度呈现出

"核爆"式增长的态势。算力的增加、算法的进步和数据的汇聚产生的叠加效应，将引发更大的不确定性，同时也孕育着无限的机遇。

人与人、人与物、物与物之间构建了互联互通的网络，形成一个生动的实时在线世界。在这个世界里，数据量将呈现爆发式增长态势，真正成为核心生产要素。通过在线数据、迭代算法、实时计算匹配供需，进行市场资源配置，大大提高经济运行的效率。

预计未来十年，我们将见证一系列令人震撼的变革。超过万亿个传感器将接入移动互联网，让我们的生活更加智能化、便捷化。衣服、鞋、眼镜等日常用品也将接入互联网，实现智能化管理。首款植入人体式手机的上市，将开启人机交互的新篇章。无人驾驶汽车的普及，将改变我们的出行方式，汽车共享计划将成为主流。人工智能私人助理的普及，将让我们的生活更加轻松便捷。自然人机交互成为主流，人类可以通过自然语言、身体动作，甚至思考意识与机器进行交流，实现真正的智能化生活。

数据的"核爆"式增长，将给传统经济学理论带来巨大冲击。数字经济是以交易和账户为中心的经济体系，交易效率远远超过生产效率，这与以生产为中心的工业经济体系截然不同。因此，市场理论、产业经济学理论、边际成本理论、产权理论、资源稀缺性理论、理性人假设等传统经济学理论假设都将面临挑战和重构。

在这个充满不确定性的时代，经济学者将更深入地参与到数字经济实践中去，创造性地提出数字经济的核心概念并研究核心问题。他们将努力构建起数字经济的理论体系或框架，为数字经济的健康发展提供理论支撑。数据产权、消费者到企业（C2B）产业组织、"平台+个人"的企业组织、互联网信用等理论研究将取得突破，为数字经济的实践提供指导。

同时，"平台经济体"的认识和测度也将取得突破并为社会各界接受。数字经济作为一个专有门类，将成为国民经济统计体系的新类别。这将有助于我们更准确地把握数字经济的发展状况，为政策制定和经济发展提供科学依据。

不管我们是热切拥抱还是熟视无睹，不管我们是兴奋还是焦虑，都无法改变技术大变革带来的时代潮流。未来已来，数字经济的创造才刚刚开始。在这个充满机遇与挑战的新时代里，"平台人"将成为数字经济的新主角，而数据的"核爆式"增长则将为我们带来更多的不确定性与无限可能。

# 第二章　企业家精神的内涵与发展

## 第一节　企业家的内涵与特征

企业家的概念复杂且含有多层含义，其内涵随着历史的推进而不断演变，这一点在西方丰富的企业家理论文献中得到了充分的体现。相较于西方企业家的成长历程，当代中国的企业家是在全球化浪潮与经济改革开放的历史背景下应运而生的，他们的发展历程滞后于西方数百年。因此，这一群体不仅呈现出与西方早期企业家在某些历史发展阶段相似的特质，更孕育出诸多独具中国特色的鲜明特点。

**一、企业家的内涵**

企业家是一个现代概念，其根源可追溯至西方社会，并随着近几个世纪社会经济的迅猛进步而逐渐成形。作为一个复杂多变、充满活力的群体，企业家难以被简单地定义。为了全面理解企业家的内涵，下面将从历史发展、职业特性和意识心理这三个维度进行深入剖析，借助过往的历史文献，多维度地揭示企业家这一角色的丰富内涵与独特魅力。

**（一）从历史发展看企业家**

从经济史发展来看，历史上出现过四种截然不同的企业家形态：业主制型企业家、技术专家型企业家、职业管理型企业家与复合专家型企业家。这四种形态的演变，不仅映射出企业组织形式随时代变迁的轨迹，更深刻揭示了企业家在不同历史阶段所扮演的角色及其核心特征。

1. 业主制型企业家

回溯至 16 世纪与 17 世纪，市场经济的曙光初现，技术的革新如同破晓的曙光照亮了大机器生产的道路，工厂制度应运而生，逐渐取代了手工业作坊，成为市场经济中不可或缺的经济组织形态。在这一时期，业主制企业如雨后春笋般涌现，它们以单一业主或少数几个业主的财产为基础，企业主不仅享有全部的经营所得，也承担着全部的债务与经营风险。这些企业规模相对较小，资本有限，生产技术相对简单，管理活动尚未形成专门化和复杂化。

业主制型企业家的典型特征在于其"两权合一"的管理模式，即企业所有权与经营权的高度集中。企业主往往亲自参与企业的日常运营，个人直接驾驭企业的航向。这种管理模式赋予了企业主在企业经营中的绝对权威，但同时也带来了管理的独断性、随意性和不规范性等隐患。在那个时代，企业主的个人才能、经验和对市场的敏锐洞察，往往成为企业成败的关键。

2. 技术专家型企业家

随着市场制度的不断完善，对技术创新的需求日益迫切，工业化革命的风潮席卷欧洲，从法国、德国到荷兰、意大利，再到西班牙、葡萄牙，生产力实现了飞跃。瓦特成功制造出双向联动蒸汽机，标志着蒸汽机时代的到来，英国的棉布、煤和铁如潮水般涌向全球，也催生了"技术专家型"企业家。

这类企业家以技术为核心竞争力，或拥有专利权，或掌握特殊的技术优势，通过技术创新为企业带来丰厚的利润。然而，技术的快速迭代和市场竞争的加剧，使得技术专家型企业家的地位具有过渡性。专利的时效性、技术的可复制性，以及企业规模扩张带来的管理挑战，都促使社会呼唤新型企业家的出现，以适应更加复杂多变的市场环境。

3. 职业管理型企业家

19世纪中叶至20世纪中叶，公司制企业逐渐成为市场的主流形态，生产的专业化分工日益细化，管理从一般劳动中分离出来，成为一门独立的学科。管理理论的发展、教育体系的完善以及管理人才的涌现，为企业的专业化管理提供了坚实的支撑。在这一背景下，公司领导体制发生了深刻的变革，即"经理革命"。

"经理革命"的核心在于企业所有权与经营权的分离，大股东不再直接参与企业的日常经营，而是选择具有高超管理能力的职业经理人来运营企业。这一变革不仅提升了企业的运营效率，也促进了管理人才的流动与优化配置。职业管理型企业家的地位不再取决于其持有的公司股份，而是取决于其人力资本的价值，即管理能力、市场洞察力和战略决策能力。

职业管理型企业家的出现,标志着企业家角色的专业化与职业化,他们不仅关注企业的短期利润,更注重企业的长期发展和战略规划。在这一时期,企业家精神逐渐从个人英雄主义转向团队合作与集体智慧,管理科学的发展也为企业家的决策提供了更加科学、理性的依据。

4. 复合专家型企业家

进入20世纪70年代,西方社会经历了两次严重的经济危机后,新的产业革命悄然兴起,社会逐渐步入"后工业社会"阶段。知识化、信息化成为这一时代的显著特征,传统的劳动密集型和资本密集型产业逐渐被知识密集型产业所取代。在这一背景下,复合专家型企业家应运而生。

复合专家型企业家不仅具备深厚的专业知识,还拥有丰富的管理经验和敏锐的市场洞察力。他们能够在充满不确定性和风险性的市场环境中,运用多维的知识储备和管理能力,做出最优的资源配置决策,有效降低经营风险,实现企业的最大收益。这类企业家不仅关注企业的经济效益,更注重企业的社会责任和可持续发展,他们致力于构建企业与社会、环境的和谐共生关系。

复合专家型企业家的出现,是企业组织形式演变和社会进步的必然产物。他们不仅代表了企业家精神的最高境界,也引领着企业向更加智能化、绿色化、人性化的方向发展。在未来的经济版图中,复合专家型企业家将成为推动社会进步和经济发展的重要力量,他们的智慧与才能将为企业和社会创造更加辉煌的明天。

### (二)从职业特性看企业家

企业家这一词汇,其渊源可追溯至16世纪早期的法语,最初被用来描述那些领导军事远征、武装探险及开拓殖民地冒险的勇者,这一用法隐含了企业家精神中不可或缺的冒险特质。然而,随着时间的推移,学者们对企业家的定义逐渐超越了单纯的冒险者定义,转而聚焦于其职业特征与在社会经济活动中的核心作用。

1. 交易活动的推动者

18世纪中叶,法国作家贝利多尔率先为企业家下了一个具体的定义,他视企业家为"那些按不固定的价格购买劳动力和物资,并依据合同价格出售产品的人"。[①]这一定义强调了企业家在交易活动中的桥梁作用,他们通过买卖行为,

---

① 刘树义. 企业家理论与实践[M]. 北京:经济管理出版社,1988:33.

促进了资源的流动与价值的实现,是市场经济中不可或缺的交易推动者。

2. 有效组织的构建者

进入 19 世纪,随着工业革命的兴起,企业家的内涵得到了进一步的丰富。1803 年,法国经济学家萨伊在其著作《政治经济学概论》中,深刻阐述了企业家作为生产组织者的重要性。他指出,分散的生产要素并不能直接满足市场需求,唯有通过企业家的有效组织,才能将这些要素整合起来,创造出价值。① 企业家因此被赋予了"结合一切生产手段并为产品寻求价值"的使命,他们不仅是生产的组织者,更是市场需求的预见者和生产行为的实施者。

3. 独立生产要素的整合者

英国经济学家马歇尔在 19 世纪末的《经济学原理》中,首次将企业家视为一种独立的生产要素。他认为,企业家是生产要素卖方与产品买方之间的桥梁,是组织化过程的中心,负责将生产要素在企业中有效配置,形成产品并送达消费者手中。企业家的这一角色,凸显了他们在资源配置和市场连接中的核心地位,是经济活动顺利进行的保障。

4. 风险与不确定性的承担者

20 世纪初,美国经济学家富兰克·奈特在其论文《风险、不确定性和利润》中,进一步深化了企业家的角色定义。他将企业家视为不确定性的承担者,指出在充满风险与不确定性的市场环境中,只有企业家能够勇敢地做出决策,承担决策带来的后果。企业家的首要职能是"决定干什么,以及如何去干",他们通过正确的决策获取利润,同时也必须为决策失误负责,体现了企业家精神中的勇气与担当。

5. 组织低效率的克服者

1968 年,利宾斯坦提出的 X 效率理论,为企业家的角色增添了新的维度。他认为,企业家的职责在于发现并消除组织中的生产要素低效率使用情况,通过优化资源配置、提升管理效率等方式,推动组织向更高效、更富有竞争力的方向发展。企业家因此成为组织变革与效率提升的驱动力。

6. 市场机会的套利者

柯兹纳在继承马歇尔思想的基础上,于 1973 年在其著作《竞争与企业家精神》中,将企业家定义为"具有敏锐市场洞察力的套利者"。他们能够发现市场

---

① 萨伊. 政治经济学概论 [M]. 北京:商务印书馆,1963:373.

中的获利机会，利用信息不对称或市场不完全性，通过套利行为实现资源的优化配置和价值的最大化。企业家的这种套利行为，不仅促进了市场的竞争、激发了其活力，也推动了经济的创新与进步。

7. 特殊人力资本的所有者

舒尔茨在1973年提出，企业家拥有特殊的人力资本，这种资本使他们能够对经济条件的变化做出快速反应，发现潜在的获利机会，并在自己的经济活动空间里重新配置资源，以恢复经济的均衡状态。企业家的人力资本包括知识、技能、经验和创新能力等，这些是他们区别于其他劳动者的核心竞争力。

8. 复杂决策的制订者

到了1982年，卡森进一步将企业家定义为专门就稀缺资源的协调做出判断性决策的人。他强调，企业家在面对资源有限、环境不确定的复杂情况下，需要综合考虑各种因素，包括利益相关者的反应、市场趋势、技术进步等，做出长远且富有战略眼光的决策。企业家的决策能力，不仅关乎企业的生存与发展，也影响着整个经济体系的稳定与繁荣。

（三）从意识心理看企业家

要使企业家更好地适应企业管理和经济发展的需求，不仅需要从职业定位的角度进行细致观察，更需深入探究其背后的意识与精神层面。这一领域的探索，早在马克斯·韦伯的著作《新教伦理与资本主义精神》中便已初露端倪。韦伯指出，新教伦理对企业家精神产生了深远影响，它让企业家们的敬业精神源自对成为上帝"选民"的宗教热忱，而非单纯对个人利益的狂热追求。新教徒将世俗工作视为天职，他们勤勉不懈、严谨有序地劳动，以此作为救赎的最可靠证明。这种伦理观塑造了西欧资本主义企业家特有的精神气质：坚韧不拔、认真刻板、严于律己、讲求实效。

继韦伯之后，美籍奥地利经济学家熊彼特进一步阐述了企业家的本质——创新精神。在《经济发展理论》与《资本主义、社会主义和民主主义》中，熊彼特详细论述了企业家的定义与职能。他认为，企业家是那些能够对生产要素进行重新组合，建立新生产函数的人。他们通过引入新发明、利用新技术可能性、开辟新原料来源或产品销路、改组工业结构等手段，改良或彻底改变生产模式，从而推动生产力增长。[1] 在熊彼特看来，唯有那些能对经济环境做出创

---

[1] 熊彼特.资本主义、社会主义和民主主义[M].北京：商务印书馆，1970：164.

造性反应的人，方能被称为真正的企业家。

随着时代的发展，现代西方学者开始从心理学角度探究企业家个体所具备的素质、精神与行为能力特征。从广义概念上讲，企业家心理特质涵盖了企业家意识、心理与个性等多个方面，是影响企业家成长的关键因素之一。

一是萨伊强调了企业家在企业中的核心地位，他认为企业家应具备判断力、坚韧性、监督管理才能等基本素质，这些素质往往难以兼得，却又是企业家所必需的。马歇尔进一步指出，企业家精神是一种心理特征，包括果断、机智、谨慎、坚定以及自力更生、坚强、敏捷、富有进取心等。他认为，企业家凭借创新力、洞察力和统率力，能够发现并消除市场不均衡性，创造交易机会和效用，为生产指明方向，使生产要素得以有效配置。

二是制度学派的经济学家科斯认为，企业家应具备预测市场需求、组织管理和协调等能力，以降低企业交易费用，发挥企业替代市场配置资源的功能。麦克利兰则提出，那些对成功有高度需求、渴望改革、适度冒险、追求独立与卓越的人，更有可能成为企业家。

三是柯兹纳从市场修正不均衡的角度分析了企业家的决策能力，他认为企业家凭借敏锐的市场洞察力，能够使市场自动发挥修正不均衡的功能。他还特别强调了企业家应具备的"敏感"心理素质，这是他们发现市场机会的关键。卡森则针对企业研究缺乏一般框架的问题，提出了以判断性决策能力为核心的企业家能力框架，强调在不确定性条件下，企业家应依据公开信息，遵循既定规则和程序做出决策。

四是卡文和斯莱文提出，企业家型厂商在创新、风险承担和主动行为方面表现更为突出，这些行为和精神对企业家能力提出了高要求，也推动了企业家的快速成长。斯特沃德则认为，心理倾向是企业家行为的先兆，他提出了成就趋向、冒险倾向和创新偏好三个理论框架。伊刚和柯文则发现，风险规避是决定是否成为企业家的因素之一，随着平均资本收入的提高，更多人倾向于选择稳定的职业技能傍身，而非成为承担风险的企业家。

不同视角下的企业家精神定义为我们深入理解其内涵提供了丰富视角。然而，德鲁克早已指出，西方传统企业家理论对企业家精神的研究存在局限性。他认为，企业家精神是"超经济的"事物，它深刻影响并引导着经济，但本身并不属于经济范畴，而是涉及价值观、认知和处世态度等更深层次的观念。因此，要全面理解企业家精神，还需超越经济范畴，深入探究其背后的文化、社会与心理根源。

## 二、中国企业家的不足与优势

与西方企业家相比较而言，当代中国企业家的成长轨迹展现出了既相似又独特的复杂面貌。这一成长过程不仅打上了历史的烙印，也深受特定社会文化环境的影响。从历史维度看，中国企业家的发展路径在某种程度上与西方企业家早期的发展存在相似之处，如都经历了从个体经营到现代企业制度的转型过程。然而，由于中国经济体制的特殊性和文化传统的深远影响，中国企业家的成长又呈现出鲜明的本土特色。

### （一）中国企业家的不足之处

1. 职业化进程相对滞后

中国已经初步形成职业化企业家队伍，但仍存在发展差距与资源匮乏的问题。目前，虽然中国市场上既有政府任命的国有企业家，也有自我创业的民营企业家，职业化企业家队伍已初具规模，但与西方发达国家相比，职业化进程仍显滞后。这种滞后性体现在：市场中职业化企业家的资源相对匮乏，且企业家群体的发展还处在相对初级的阶段。这导致部分企业的发展仍过度依赖于企业家个人的经验和摸索，影响了企业家群体整体成长的速度和专业化水平，也凸显出中国与西方国家在企业家职业化发展上的差距。

2. 企业社会责任意识有待加强

中国企业家已经逐渐掌握了赚钱生财的技巧和方法，然而，在对于企业家这一角色的性质、职责以及所蕴含的精神内涵方面，许多企业家仍缺乏深入的认知和领悟。这种认知的不足，导致部分企业家在经营企业的过程中，过于注重眼前的经济利益，而忽视了企业应承担的社会责任以及长远的发展战略。这种短视的经营行为，不仅制约了企业的可持续发展，也对企业家的职业声誉和道德形象造成了负面影响。因此，深化企业社会责任意识，培育企业家精神，已成为当代中国企业家亟须重视和解决的问题。

3. 国际化视野和跨文化管理能力有待提升

部分中国企业家在国际化进程中，可能缺乏足够的国际视野和跨文化交流能力。这导致他们在拓展海外市场、管理国际团队或进行国际合作中，可能面临文化差异、法律合规、市场适应性等方面的挑战。为了在全球竞争中脱颖而出,中国企业家需要更加注重培养国际化思维,增强对国际规则的了解和运用能力,以及提高跨文化沟通和协作的能力。

**(二)中国企业家的特殊优势**

尽管存在上述不足,但中国企业家也拥有独特的优势,这些优势在全球化时代背景下尤为突出。

1. 后发优势

中国企业家虽然未经职业化的训练,但在全球化时代,他们可以直接借鉴或使用西方企业家的种种经验和理论。这种"后发优势"使得中国企业家能够站在巨人的肩膀上,免于一些在自我摸索过程中所走的弯路。通过学习和借鉴西方的先进管理经验和技术成果,中国企业家能够更快地适应市场变化,提升企业的竞争力。

2. 学习吸收能力强

在中国这样一个文化大国中,企业家阶层拥有较强的学习和吸收能力。儒家文化中的学习与反思传统,对中国企业家产生了深远的影响。据中国企业家调查系统组织的调查结果显示,我国企业经营者越来越重视学习,大部分企业经营者认为其个人学习能力处于中上水平。他们通过亲身实践、总结与反思、与人交流、参加培训、读书刊和看影像资料等多种途径获取经营管理知识。这种强大的学习能力和吸收能力,为中国企业家提供了不断进步的源泉和动力。

3. 人文精神传统

中国企业家群体具有浓厚的人文精神传统,这是其独特的优势之一。首先,他们展现了奋发有为的进取精神和英雄主义气质。受君子自强不息、刚健有为的传统影响,中国企业家在商海中追求卓越、超越自我。他们白手起家、艰苦创业的故事比比皆是,如浙江温州的民营企业家群体就是其中典范。他们不畏艰难、不屈不挠的精神风貌,成为中国企业家群体的缩影。

其次,中国企业家身上体现了深厚的"和合"伦理精神。儒家重视人与人、人与社会的和谐关系,这一文化气质在中国企业家身上得到了集中体现。他们注重人脉资源的积累和维护,主动搞好与管理部门、社会、员工、朋友、邻里等各方面的关系,为自己的事业寻求良好的发展机会。这种"和合"精神不仅有助于企业内部的和谐稳定,也有助于企业在外部环境中建立良好的形象和声誉。

最后,中国企业家具有自觉的社会责任精神。他们致富不忘国家、故乡,主动承担社会责任。许多企业家在事业成功后，积极投身公益事业，如修桥造路、扶贫济困、捐资助学等。这种社会责任感不仅体现了企业家的个人品德和修养，也为企业赢得了社会的尊重和认可。

## 第二节　企业家精神的内涵

在学术研究中，纯粹精神层面的探讨往往归属于哲学的范畴，它触及人类思想的深层结构与价值追求。然而，企业家精神这一独特概念，则巧妙地跨越了哲学与经济学、管理学的界限，成为连接理论与实践的桥梁。本节旨在通过经济学视角的切入点，逐步延伸至哲学的深邃领域，以期全面且深刻地揭示企业家精神的丰富内涵。

企业家是经济发展的核心驱动力，其地位不容忽视。经济学家熊彼特将企业家比作经济的"引擎"，这一比喻恰如其分地描绘了企业家在推动社会进步中的关键作用。无论是二战后以松下幸之助为代表的杰出日本企业家群体，还是20世纪美国"新经济"时代的比尔·盖茨等创新领袖，他们的成功无不彰显了与时代脉搏相契合的企业家精神与风范。当前，中国正处于现代化建设的加速期，企业家群体的培育与成长，对于激发国家创新潜能、加速现代化进程具有重要的意义。因此，对企业家精神的深入研究，不仅是学术探索的需求，更是时代赋予我们的重大课题，其现实意义不言而喻。在此背景下，如何提升企业家群体的精神境界与创新能力，成为亟待破解的难题。随着市场经济体制改革的深化，中国企业家在追求物质成就的同时，也面临着精神世界的重塑与挑战。创新力的匮乏，实则反映了精神层面的某种缺失，亟须通过系统性的研究与实践加以解决。[1]

企业家精神的研究不仅关乎理论体系的构建，更紧密联系着国家发展的现实需求。通过跨学科的综合分析，我们不仅能够更深入地理解企业家精神的本质与内涵，还能为培养具有时代特征、国际视野的中国企业家群体提供理论支撑与实践指导，进而推动中国经济社会的全面发展。

---

[1] 张雄，季小江.中国企业家精神现象问题的哲学透视[J].哲学动态，2007（3）37-41.

## 一、企业家精神的多重认知

在经济学浩瀚的知识体系中,企业家理论占据着举足轻重的地位。追溯至古典政治经济学时期,法国学者萨伊便提出了生产三要素理论,将土地、劳动力和资本视为驱动经济发展的基石。随后,英国经济学巨匠马歇尔在其经典著作《经济学原理》中,首次将企业家才能提升至与土地、劳动力、资本并列的第四大生产要素,这一创新性观点至今仍被经济学界广泛接纳并深入研究。

企业家理论的研究范畴随着时代的变迁而不断拓展,西方学术界对此进行了多维度的探讨。从经济学角度出发,学者们致力于剖析企业家在市场经济中的角色与功能;伦理学视角则聚焦于企业家行为背后的道德准则与价值观念;而文化学视角则试图揭示企业家精神与特定社会文化环境的内在联系。这些研究为我们理解企业家精神提供了丰富的视角和深刻的认识。

### (一)经济人与企业家精神的概念

"经济人"假设是现代经济学中对于个体精神和心理价值取向的一个基础理论前提。1776年,英国古典政治经济学的奠基者亚当·斯密在其著作《国民财富的性质和原因的研究》中,首次阐述了"经济人"(Homo economicus)这一概念。斯密认为,个人的自私动机与心理是推动商业活动不断前进的关键因素。他在该书中留下了一句广为人知的名言:"我们每日所需的食物与饮品,并非源自屠夫、酿酒师或面包师的慷慨赠予,而是他们出于自身利益考量的结果。"[1]这一观念从根本上将企业家精神简化为对物质利益的极致追求。随后,纳索·威廉·西尼尔和詹姆士·穆勒等经济学家在此基础上进行了深化,西尼尔提出人们总是力求以最小的代价获取最大的财富,这实际上是对个人利益最大化原则的另一种阐述。穆勒则进一步阐释了"经济人"的内涵,即从人类复杂多样的动机中抽象出经济动机,尤其是追求财富最大化的动机,从而使古典"经济人"假说趋于完善。

从历史唯物主义的视角来看,"经济人"假设与企业家职业的基本特征相契合。在现代经济活动中,功利主义和利益导向成为企业家精神的核心特征,许多企业家行为往往由此衍生而来。马克思在《资本论》中对原始积累时期资本家行为的描绘,便是对这一点的生动注解:资本家为了高额利润,不惜铤而走险,甚至触犯法律。

---

[1] 亚当·斯密.国民财富的性质和原因的研究[M].王亚南,郭大力,译.北京:商务印书馆,1972:14.

然而,"经济人"假设并非万能,它无法全面解释企业家行为的所有精神动机。现实中,许多中外企业家都表现出积极回馈社会的行为,这超出了单纯追求个人利益的范畴。事实上,亚当·斯密在《国富论》之前就已出版《道德情操论》一书,其中提出同类感或同情心是人类固有的天性之一,暗示了利他主义同样是自我构成的一部分。因此,许多学者认为斯密实际上在经济学体系中提出了"利己"的"经济人"说法,同时在伦理学体系中提出了"利他"的"道德人"说法,由此引发了所谓的"斯密问题",给后世学者留下了持久争论的空间。

## (二)文化学和伦理学对企业家精神的研究

德国经济社会学家韦伯在其著作《新教伦理与资本主义精神》中,深入剖析了新教伦理与资本主义发展之间的紧密联系,指出早期西方企业家所展现出的自我克制、禁欲及勤奋等精神特质,深受新教文化伦理观的影响。然而,新教仅代表了一种特定的精神或文化形态,其影响力虽深远,却非普遍。现代化历史进程显示,即便在东亚地区,如日本及东南亚国家,尽管其文化根基与西方迥异,但同样完成了现代化的历史使命,孕育出了独特的儒家资本主义精神。这表明,韦伯的论述尚未能提炼出企业家精神的普遍共性。

1998年,诺贝尔经济学奖的桂冠落在了印度经济学家阿玛蒂亚·森的头上,他因倡导经济学与伦理学的融合而备受瞩目。森教授以其广博的知识和深远的历史视野,深刻剖析了现代经济学与伦理学分离的历史根源及其带来的种种弊端。在《伦理学与经济学》一书中,他首先回顾了西方先哲们对经济学的思考,随后针对"经济人"假设中利己主义的单一性缺陷,展开了深入的批判。通过对古希腊哲学巨匠苏格拉底与亚里士多德的经济哲学文献的深入挖掘,森教授对人类经济行为背后的伦理动机进行了富有成效的探索。

他敏锐地指出,现代经济学在追求与工程学、数学及逻辑学的紧密结合过程中,过度简化了对个人价值的思考,将其仅仅归结为福利或效用最大化,从而无情地裁剪掉了人的多元价值属性。在森教授看来,人类的行为动机及所渴望的社会评价远非仅限于物质性目标,还涉及诸如美德、亲善、忠诚等诸多价值性目标。这一观点实际上触及了人的内在精神需求这一核心问题。

尽管文化学与伦理学对企业家的解读已经超越了"经济人"假设的局限,但它们仍未能全面揭示企业家自我的一般特征及其发展规律。森教授的研究为我们提供了一个新的视角，即在经济活动中，人的行为动机是复杂且多元的，既包含物质利益的追求，也蕴含了对更高层次精神价值的渴望与追求。

**（三）现代经济学对企业家精神的解释**

美籍奥地利经济学家熊彼特在其1912年出版的著作《经济发展理论》中，深刻阐述了企业家创新精神与现代经济发展之间的紧密联系。他强调，企业家在产品创新、市场开拓、技术革新、管理优化以及理念升级等方面的不懈努力，对于经济社会的进步具有重要的意义。因此，创新精神被视作企业家精神的核心本质，是推动经济发展的关键力量。

然而，到了20世纪60年代，美国经济学家加里·贝克尔在其《人类行为的经济学分析》一书中，虽然运用微观经济分析方法构建了理论体系，并坚持用"经济人"假设逻辑来解析人类经济行为，但这种过于简化的量化方法却遭遇了挑战。贝克尔认为，所有经济人（无论是家庭、企业还是其他组织）的行为都是理性且有目的的，旨在追求效用最大化。然而，现实情况却远比这复杂。企业家的心理需求、价值观念等效用因素存在显著差异，甚至同一个企业家在不同生命阶段所追求的效用也往往截然不同。因此，这种方法虽然能外在计算企业家主体的心理满足程度，却难以揭示其内在精神的共性特征和规律。

随后，在20世纪50年代，美国学者约翰·纳什首次将博弈论引入经济学领域，提出了与古典福利经济学基于"经济人"假设截然不同的观点。纳什指出，交易双方通过合作意识所能获得的收益往往优于个体自利意识的结果。这一观点隐含了企业家道德意识的重要性，即合作相较于不合作能为双方带来更多收益。尽管博弈论在思维方式上颠覆了"经济人"理念，但其道德意识仍局限于功利主义范畴，无法解释诸多超越功利的精神现象。例如，比尔·盖茨和"股神"沃伦·巴菲特等企业家，他们通过成立慈善基金会，将财富用于改善教育、提升医疗质量、扶助贫困人口以及防治艾滋病等公益事业，这些行为显然超出了单纯经济利益的范畴，体现了更高层次的精神追求。

面对传统企业家文献及其理论的局限性，美国管理学大师彼得·德鲁克在其著作《创新与企业家精神》中发表了深刻见解。他指出，对企业家精神而言，它是"超经济"的事物，虽然深刻影响并引导着经济发展，但其本身并不属于经济范畴。企业家精神涉及价值观、认知方式以及处世态度等多重观念层面，是一个远超经济学范畴的问题。德鲁克的话语提醒我们，企业家精神的内涵远比当前我们所认识的更为丰富和复杂,仍有待我们深入探索和揭示。

## 二、企业家精神与企业家自我发展

对企业家自我的深入探究,首先面临的是理论资源的选择与整合问题。在这一探索的征途中,马克思的《1844年经济学哲学手稿》与德国古典哲学巨匠黑格尔的《精神现象学》犹如两座灯塔,为本书的研究提供了丰富的思想滋养与深刻的哲学启示。这两部著作不仅是哲学领域探讨人的自我及其意识形成、演变规律的瑰宝,更是理解企业家精神内核不可或缺的理论基石。在此,需明确的是,两书中"意识"与"精神"在哲学语境下大致可互换使用,故本书在论述中不对二者做严格区分,而是将其视为同一概念的不同表述。

### (一)精神现象的本质

精神现象研究的首要维度,在于对自我意识或精神本质的追问。历史上,关于人的精神本质的探讨众说纷纭,从"天定论"到"神定论",从"经验论"到"不可知论",各种观点层出不穷。这一多元争论的背后,反映了近代社会以前人类对自我认知的局限与蒙昧。直到近代理性主义、人文主义及科学主义兴起,人类才开始逐步走出传统信仰的束缚,踏上自我探索与发现的征途。德国古典哲学家们,如康德、黑格尔等,以思辨的笔触对自我意识进行了深刻剖析,为后世留下了宝贵的哲学遗产。

然而,黑格尔在《精神现象学》中将意识的本源归结为神秘的"绝对理念",这一观点在某种程度上又落入了"神定论"的窠臼,陷入了唯心主义的泥潭。相比之下,马克思的《1844年经济学哲学手稿》则基于唯物主义的坚实地基,对人的精神现象进行了前所未有的哲学阐释。马克思认为,人的精神是社会实践的产物,是物质世界在人的头脑中的反映。这一观点不仅将人的精神现象研究推向了新的高度,更为后续社会学、心理学、生物学、脑科学、神经学等现代科学领域的研究奠定了坚实的哲学基础。

近代科学的发展进一步证实了马克思的观点。人类的意识或精神,作为大脑进化的高级产物,超越了自然属性的束缚,成为一种能够主动反映外部世界并反作用于外部世界的高级生命现象。对于个体而言,精神既包含自我意识——即个体对自身的认识与反思,也包含社会意识——即作为社会成员所共有的政治法律思想、经济思想、艺术理念、道德观念等社会精神内容。关于自我意识与社会意识的关系,哲学界长期存在争议。马克思的唯物史观指出,社会生活决定意识形态，个人从属于社会，因此社会意识从根本上决定着自我意识。然而，作为有自我意识的个体，其意识与心理又必然带有独特性。因此，社会意识与自我意识相互交织，共同塑造了个人或特定群体的精神面貌。

### （二）自我意识的特点与动力

精神现象研究的第二个维度，聚焦于自我意识的特点与动力特征。马克思在《1844年经济学哲学手稿》中深刻指出，动物与自然界之间存在着无差别的混沌关系，动物被自然所束缚，缺乏自我意识与自由。而人类则因拥有自我意识而能够将自我与外界明确区分开来，形成了自我与对象的区别性关系。这种区别性关系的存在，使得人类的活动充满了独立意志与多种选择。马克思强调，人的生命活动是自主的、能动的和自我选择的结果，这种自由度是其他生命形态所无法比拟的。

然而，这种自由并非绝对的、无限制的。马克思指出，人的自由只能在实践中得以实现，即在改造对象世界的过程中不断认识自我、确证自我和发展自我。实践是自我意识发展的动力源泉，也是人的精神自由得以实现的现实基础。在这个过程中，人不仅通过物质生产活动满足自身的物质需求，更在精神生产活动中实现自我价值的追求与超越。因此，自我意识的发展是一个不断超越自我、实现自我完善的过程。

### （三）自我意识的发展规律

精神现象研究的第三个维度，涉及自我意识的发展规律问题。现代科学证明，意识、精神是物质世界长期发展的产物，是地球上最高级的生命形态。与自然界事物发展的自在、自然形态不同，精神的发展是在外部社会历史条件约束下，主体意识自觉、自由发展的结果。精神的自由特性决定了其发展的多样性与无限性，使得东西方精神哲学在归纳精神发展规律时呈现出丰富多彩的景象。

例如，中国古代思想家孔子以自己的人生经历为线索，提出了"三十而立，四十而不惑，五十而知天命，六十而耳顺，七十而从心所欲，不逾矩"的精神发展阶段论。这一观点揭示了人的精神具有随着年龄增长而逐渐成熟、完善的特点。而在20世纪的精神分析领域，西格蒙德·弗洛伊德提出了人格结构的三层次理论——本我、自我和超我，揭示了人的精神在内在动力与外在规范之间的冲突与协调。美国心理学家亚伯拉罕·马斯洛则提出了需求层次理论，认为人的自我发展是一个由低级阶段向高级阶段不断攀升的过程，每个阶段都有其特定的需求与满足方式。

这些理论虽然视角不同、侧重点各异，但都试图揭示人的精神发展规律。然而，真正系统性地研究自我意识演变规律的著作，当属黑格尔的《精神现象学》。黑格尔采用历史与逻辑相统一的方法，将自我精神成长过程中的外在精神现象演变与内在精神发展规律相结合，为我们提供了自我发展的理论图示。他认为，意识、精神的本性表现为永不满足的特征，即总是试图突破自身的有限性，实现对自我的超越。这种超越意识是精神发展的内在动力，推动着人类不断追求更高的精神境界。

### （四）超越意识是企业家精神的动力源泉

在对企业家自我的研究中，我们发现超越意识是企业家内在的和最重要的精神动力源泉。企业家作为社会经济发展的推动者与创新者，他们不仅追求物质财富的增长，更在精神层面追求自我价值的实现与超越。这种超越意识体现在他们对产品、市场、技术、管理和理念的不断创新上，体现在他们对社会责任的担当与奉献上。正是这种超越意识的存在，使得企业家能够在激烈的市场竞争中保持敏锐的洞察力与不懈的奋斗精神，不断开创事业的新篇章。

对企业家自我的研究是一个复杂而多维的过程。通过整合马克思的唯物主义哲学与黑格尔的精神现象学理论资源，我们可以更深入地理解企业家精神的本质特征、动力源泉及发展规律。超越意识作为企业家精神的核心要素之一，不仅激励着企业家不断追求自我完善与事业成功，更为社会经济的持续健康发展注入了强大的精神动力。

## 三、企业家自我发展与企业家精神发展

对企业家自我发展的探索，本质上是对企业家这一特定人群的人学深度剖析。正如孔子所言，"性相近，习相远"，这深刻揭示了人的精神本性既蕴含着普遍的规律，又展现出独特的个体差异。企业家作为社会经济发展的关键角色，其自我发展的研究便是要追寻探索他们精神世界的起源、演变及一般规律，同时也不忽视那些非规律性的、个性化的精神特质。

在探索企业家自我发展规律的旅程中，黑格尔的哲学思想提供了宝贵的启示。他认为精神的发展是一个由有限向无限递进的历程，这一历史演变遵循着从主观精神到客观精神，再至主客观统一、达到自由精神的轨迹。企业家精神的发展同样遵循这一逻辑，经历了从"自我的物质欲望化"到"自我的社会化"，

最终抵达"自我的人文化"的三个递进阶段。

起初，企业家精神以主观精神的形式呈现，即个人的欲望意识占据主导地位。这种欲望意识，作为人的精神原始动力之源，驱动着企业家不懈追求资本与财富。然而，在资本与财富的对象化世界中，企业家若过度沉溺于个人欲望，便可能面临精神异化的风险，成为资本与财富的附庸，失去自我。但经过现实世界的磨砺与挫折，企业家开始认识到他人欲望的合理性，学会在相互尊重与理解中寻求共识，从而摆脱精神的主观局限，实现自我在客观世界中的发展与实现。这一转变，正如 20 世纪石油巨头洛克菲勒晚年慷慨捐赠财富于社会，体现了企业家精神从欲望意识向客观精神、理性与道德意识的升华。

随着企业家精神的进一步成熟，他们不再满足于外在的精神需求，而是追求更高层次的精神自由。这种自由，并非回归原始的、无拘无束的自由状态，而是在超越了物质意识与道德意识之后，达到的一种自觉的人文精神境界，即自我与外物和谐统一、天人合一的自由之境。这一过程，本书将其概括为企业家自我的三次超越意识，每一次超越都是对自我精神边界的拓展。

然而，企业家精神的发展并非完全遵循既定的规律，其非规律性特征同样值得深入探讨。在相同的历史与社会条件下，企业家的精神表现却呈现出多元化的面貌，这源于"人有千面，各有不同"的个体差异性。认知层面的差异、天赋、气质、环境、身体状况、文化背景等诸多不确定性因素，共同塑造了企业家的个性特征。企业家个体差异与社会生活实践的复杂交互，使得企业家精神的发展远比理性规律所描绘的更为生动、复杂且模糊。

因此，对企业家自我发展的研究，既要揭示其普遍性的发展规律，以便于企业家的自我反思与学习，提升创新能力；同时也要关注那些非规律性的、个性化的精神特质，理解并尊重每一位企业家独特的成长历程与精神世界。这样的研究，才能全面而深刻地揭示企业家精神的奥秘，为培养更多具有创新精神与社会责任感的企业家提供理论支撑与实践指导。

## 第三节　西方企业家精神的演变

### 一、早期西方企业家的天职伦理精神

早期西方企业家的精神，深受新教伦理的影响，特别是马丁·路德和加尔文等宗教改革家的思想。这种精神将世俗工作与宗教信仰紧密结合，认为承担个人在现世中所处地位赋予的责任与义务，即为上帝所赋予的"天职"。

在这一观念的影响下，勤劳、节俭、诚信和效率等伦理特点被赋予了神圣的意义。企业家们视工作为光耀上帝的方式，认为通过合法劳动积累财富，不仅是对个人能力的肯定，更是为上帝增添荣耀的行为。这种观念促使他们勤奋工作，精打细算，诚实守信，并注重效率，从而在现世中履行自己的天职。

**（一）天职伦理精神的核心内容**

*1. 勤劳与节俭*

勤劳被视为履行天职的必要条件，而节俭则是指对勤劳成果的珍惜和尊重。企业家们认为，通过勤劳工作积累财富，并通过节俭生活保持财富的增值，是对上帝恩宠的最好回报。

*2. 诚信与守诺*

诚信是企业家的立身之本，也是履行天职的基本要求。企业家们注重信誉和口碑，认为只有诚实守信、遵守诺言，才能赢得他人的信任和尊重。

*3. 效率与理性*

在天职伦理精神的指引下，企业家们追求高效的工作方式和理性的经营策略。他们注重时间管理和成本控制，力求在有限的资源条件下取得最大的效益。

**（二）天职伦理精神对西方企业家的影响**

*1. 激发创业精神*

天职伦理精神鼓励个人通过勤劳和节俭积累财富，这激发了企业家的创业精神。他们敢于冒险、勇于创新，不断寻求探索新的商业机会和盈利模式。

2. 促进资本积累

在天职伦理精神的指引下,企业家们注重资本的积累和增值。他们通过勤劳工作和节俭生活积累财富,并通过理性的投资和管理实现资本的保值增值。

3. 推动市场竞争

天职伦理精神强调诚信和守诺,这促进了市场竞争的公平性和规范性。企业家们注重信誉和口碑,通过提供优质的产品和服务赢得市场份额和客户的信任。

4. 塑造企业文化

天职伦理精神还影响了企业文化的形成和发展。许多西方企业家都将勤劳、节俭、诚信等品质视为企业文化的核心价值观,并通过各种方式将这些价值观传递给员工和客户。

天职伦理精神为早期西方企业家提供了强大的精神动力。它使他们在面对困难和挑战时,能够保持坚定的信念并为之不懈努力。同时,这种精神也促进了资本主义的发展,为西方世界的经济繁荣奠定了坚实的道德基础。

## 二、企业家精神的转变与演化

在探讨现代企业家的精神特质及其与资本主义发展的关联时,我们不得不深入剖析物质性资本与财富如何取代宗教信仰,成为企业家主体意识的核心对象,以及这一转变如何深刻地影响了西方资本主义的发展。随着这一转变的发生,企业家内心深处那种对财富无尽追求的贪婪与掠夺意识逐渐浮出水面,并在西方社会中占据了主导地位,从而开启了资本主义原始积累那段既辉煌又罪恶的历史篇章。

18世纪之后,随着新兴工商阶层的崛起,他们迫切渴望摆脱封建主义国家干预的束缚,以确立起近代资本主义的自由制度框架。在这一历史背景下,亚当·斯密作为这一阶层思想意识形态的代表人物,提出了"经济人"假设和"看不见的手"市场机制理论,将个人追求自身利益的行为视为推动社会经济发展的根本动力,并将其描绘成人类永恒的法则。这一理论实质上反映了工商企业家阶层个人主义、自私自利的价值观,是他们自我意识的一种深刻表达,也是资本主义精神内核的集中体现。

西方现代企业家的诞生与现代大工业的兴起以及私有制的确立紧密相关。回望欧洲历史,自13世纪至15世纪,封建主义经济制度逐渐瓦解,私人财产权得到制度化的确立和保护。随着经济的商品化和市场化进程加速，首批"业主型"企业应运而生。这些企业规模相对较小，资本有限，通常由企业所有者亲自经营和管理，并承担无限责任。在激烈的市场竞争中，为了求得生存和发展，企业家们不得不被原始资本积累无限扩大的心理倾向所驱使，他们的精神特质中最为突出的便是资本的人格化，即企业家自身成为追求剩余价值职能的人格化身。这种精神现象与原始资本主义的残酷、野蛮特性高度契合，表现为企业家们极度的贪婪和自私。

在物质追求之外，企业家们在生活层面上也展现出了奢靡、纵欲的生活态度。德国新历史学派经济学家维尔纳·桑巴特在其著作《奢侈与资本主义》中对此进行了深刻的剖析。他指出，随着新兴资产阶级的崛起，他们需要一个实现生活价值、提升社会地位并展示社会身份的渠道。于是，新富人们通过挥霍金钱、奢侈消费和纵情享乐来彰显自己的新贵族身份。在桑巴特看来，财富、女人和身份的认同成为对"节欲"观念的一种补偿和反叛，这种生活方式的转变不仅反映了企业家阶层物质上的富足，更揭示了他们内心深处对于权力和地位的渴望。

对于这一阶段资本主义企业家的野蛮性，马克思给予了最为深刻且犀利的批判。在《资本论》第一卷和《1844年经济学哲学手稿》等著作中，马克思对原始资本主义的残酷和野蛮进行了淋漓尽致的描绘。他指出，资本主义自诞生之日起，便从头到脚，每个毛孔都滴着血和肮脏的东西。资本主义制度的原始资本积累历史，实质上是一部用火和血写就的史书。马克思的这番话，不仅揭示了资本家对工人阶级的残酷剥削和压迫，更深刻地指出了资本主义制度本身所带来的暴力和不公。

在这一阶段，企业家的自我意识完全以物质欲望为对象，他们为了获取更高的利润，不惜采取极其残酷、非正常的手段，甚至不惜牺牲他人的利益来占领市场、扩大财富。这种以"恶"为驱动力的意识形态，虽然在一定程度上推动了资本主义的巨大进步，但也带来了严重的社会问题和道德危机。在这一时期，企业家的主体意识与资本之间形成了相互对象化的关系，资本即为主体，主体即为资本，这种关系取代了传统社会中自我与上帝之间的对象化关系，成为资本主义社会独特的意识形态。

然而，马克思也深刻地指出，资本家的贪婪成性并非永恒的历史现象。随着资本主义的发展，企业之间为了追逐剩余价值而展开的无序竞争，导致市场长期处于周期性动荡之中。这种动荡不仅破坏了社会的经济秩序，也加剧了阶级矛盾和社会不公。因此，资本主义生产方式必然会导致生产资料私人占有与社会化大生产之间的矛盾日益加深。这一矛盾直到股份公司的出现才初露解决的曙光。

马克思对股份公司的评价极高，他认为这是对旧的企业组织形式的一种扬弃。[①] 在股份公司中，那种本身建立在社会生产方式基础上，并以生产资料和劳动力的社会集中为前提的资本，直接取得了社会资本的形式，与私人资本相对立。同时，股份公司的企业也表现为社会企业，与私人企业相对立。这是作为私人财产的资本在资本主义生产方式本身范围内的扬弃，也是资本主义发展史上的一个重要转折点。

股份制企业的出现，不仅意味着生产进一步社会化，也意味着所有制走向社会化。在股份制企业中，所有权与经营权相分离，企业的管理不再由单个资本家所掌控，而是由专业的经理人团队来负责。这种企业组织形式的变革，否定了单个私人企业所有权与经营权相统一的性质，发展为联合化的公司。另一方面，股份公司的股票又掌握在众多私人手中，这使得企业家的职责发生了深刻的变化。他们不再仅仅为了自己的利益而经营企业，而是必须承担起相应的社会责任。

这些社会责任包括几个方面：首先是对股东的责任，企业家必须确保企业不断盈利，给股东带来更多的回报，以保障自己的职位和声誉；其次是对员工福利的责任，社会劳动政策的规范、工会的监督、大众媒体的关注以及市场竞争的压力，都迫使企业家必须关注员工的福利和权益；再次是对广大消费者的责任，在一个高度发达的消费社会里，消费者已经成为"上帝"，企业家必须满足消费者的需求和期望，否则企业将难以生存；最后是对环境保护的社会责任，随着环保意识的提高和环保运动的兴起，企业家必须限制自己的管理经营活动对环境的破坏，以确保企业的可持续发展。

在这一系列社会责任的压力下，企业家的主体意识开始发生转变。他们不再仅仅以物质欲望为对象，而开始关注社会伦理道德观念，将企业的经济利益与社会责任相结合。这种转变不仅反映了企业家阶层自身的成长和成熟，也体

---

① 马克思，恩格斯. 马克思恩格斯选集（第二卷）[M]. 北京：人民出版社，1975：516.

现了资本主义社会在不断发展过程中的自我调整和完善。

### 三、企业家精神走向创新和人文意识

在探讨企业组织形式与企业家精神演变的深层次关联时，我们不得不注意到，过分组织化的企业结构虽然在一定程度上实现了资源的有效整合与管理的规范化，但同时也面临着效率低下、官僚主义盛行等严峻挑战，尤其体现在创新能力的显著不足上。20世纪70年代西方经济世界所经历的"滞胀"现象，便是对这一问题的生动注解。这一时期，经济停滞与通货膨胀并存，传统企业组织形式的僵化与创新能力的缺失成为制约经济发展的关键因素。

然而，历史的车轮总是滚滚向前。到了20世纪90年代，一种全新的企业家及其组织形式——如硅谷的风险投资模式——开始崭露头角，并迅速成为推动经济发展的新引擎。这些创新型企业家摒弃了以组织为主导的传统企业形式，转而将创新精神视为企业最宝贵的资源，并将其置于资本与管理意识之上。这一转变不仅是对旧有企业组织形式的扬弃，也是企业家精神内涵的一次深刻变革，标志着当代企业家主导意识正逐步向创新意识和全球意识转变。这一趋势的形成，既是时代发展的必然要求，也是企业家自身精神成长的自然结果。

在当代社会，企业家面临着前所未有的挑战与机遇。一方面，传统产业的产能过剩导致了市场竞争的日益激烈；另一方面，全球资源的枯竭与价格波动，特别是如石油等关键资源的不确定性，对企业的生存与发展构成了严峻威胁。这些外部压力迫使企业家不得不寻求创新之路，以知识密集型产业替代传统的资本密集型和劳动密集型产业，作为推动经济发展的新动力。在此背景下，企业家个人财富的积累已不再单纯依赖于物质资本的多少，而更多地与创新精神的发挥紧密相关。在西方发达国家，技术创新与经济增长之间的线性关系已得到了充分验证，科学技术对经济的贡献率高达70%以上。

从主体意识发展的角度来看，个人的创新精神并非凭空产生，而是深深植根于自我意识之中。企业家要想取得成功，就必须摒弃对物、资本的原始崇拜，将个人的个性、志趣、理想等精神元素融入实践之中。以比尔·盖茨、巴菲特等为代表的现代企业家，之所以能够积累起巨额财富，很大程度上得益于他们高远而超越常人的世界观。在精神现象学的视角下，这些企业家已经实现了主客体的统一，即他们的主体意识已经克服了物质对他们的异化，达到了和谐一致的状态，这是个人自由的真正境界。马克思在《1844年经济学哲学手稿》中

曾指出："自由的有意识的活动恰恰就是人的类特性。"企业家只有将自我生命中的真正需求，如个人兴趣、社会责任和良心等意志落实，才能得到源源不断的创新源泉和动力。

此外，随着全球化的深入，企业家的精神视域也得到了极大的拓展。从17世纪的工业革命开始，全球化便成为人类历史上不可逆转的进程。经过数百年的演变，传统的文化、意识形态和地域性观念的屏障逐渐被打破，人与人、民族与民族、国家与国家之间的联系日益紧密。对于发达国家的企业家而言，他们不仅要关注自身的创新发展，更要具备全球忧患意识，遵守人类集体理性的法则，以关怀人类的共同福祉为己任。这种全球意识要求企业家在追求经济效益的同时，也要关注全球性的社会问题，如环境保护、贫富差距等。

回顾西方企业家的精神发展历程，我们可以发现其中蕴含的规律性对于理解当代中国企业家的自我发展同样具有启示意义。事实上，当代中国企业家在精神成长上也经历了类似的阶段。从最初的为生存而拼搏，到中期为员工的福祉而努力，再到最终考虑如何回报社会，这一历程体现了企业家精神从只顾个人利益向承担社会责任的逐步升华。因此，在探讨中国企业家精神的发展时，我们不仅要关注其经济成就，更要深入挖掘其背后的精神内涵与价值观念的变化。

## 第四节　传统文化与中国企业家精神

企业家精神是商业活动的灵魂，深深植根于各民族的文化土壤之中。对中国而言，传统文化对企业家精神的影响尤为显著，且这种影响是通过对企业家人格、经营理念及管理文化的塑造而具体体现的。从人格层面看，儒家倡导的仁爱、诚信与道家强调的无为而治等思想，共同铸就了中国企业家坚韧、有担当与目光长远的性格特质。在经营理念上，传统文化中的"义利并重"原则，引导企业家在追求经济效益的同时，亦不忘社会责任与道德伦理，力求实现经济与社会的双重进步。至于管理文化方面，传统文化所提倡的以人为本、团队合作及和谐共处等理念，则为企业家提供了独特的管理智慧，即强调顺应自然规律，激发员工潜能，促进企业的自主管理与可持续发展。

因此，要全面理解中国企业家精神，就必须深入剖析传统文化在其人格塑造、经营理念形成及管理文化构建中的深刻作用,从而揭示出中国企业家精神独特的文化内涵与价值取向。

## 一、传统文化与企业家人格

企业家作为现代经济活动的核心主体,其人格形态不仅关乎个人的行为模式与决策风格,更是企业家精神形成与发展的重要基础。人格,作为个体心理特征的统一体,是遗传、环境、个人抉择三者交互作用的产物,它决定了人的外显行为与内隐倾向,并使得每个人的行为模式与他人存在稳定的差异。因此,探讨企业家精神,必然绕不开对企业家人格的深入分析,而企业家人格又深受其所处文化环境的熏陶与塑造。

### (一)企业家人格与企业家精神

企业家精神作为推动商业社会进步与创新的重要力量,其萌发与成长均基于企业家健全的人格之上。一个具备开拓进取、冒险创新精神的企业家,必然拥有坚实的人格后盾作为支撑。企业家人格特指企业家在从事企业经营管理过程中,面对复杂多变的内外部环境时所展现出的个人心理特征。这些特征不仅塑造了企业家的价值观念与行为准则,更是企业家精神得以形成与发挥的基础。从人力资源开发的角度来看,健全的企业家人格是激发员工积极性、主动性与创造性的源泉;从宏观市场运行的角度来看,健全的企业家人格与国民经济的良性循环紧密相连,它能够促进企业家队伍的壮大与企业家精神的蓬勃发展。

### (二)传统文化对企业家人格的负面影响

传统文化是民族精神的瑰宝,对人格的塑造与影响深远而复杂。自孔子始,儒家文化便以对古代帝王的崇敬与思慕为开端,阐述了理想人格的内涵,并经由孟子等人的发展,逐渐形成了以自强、自重、有节操、刚毅、守义、志坚、善举止、独立、超然有道、兼备诸仁为主要内容的理想模式。道家则主张无为、守柔,强调无情(不动感情)、无己(超越自我)。兵家则提出了为将之道"智、信、仁、勇、严也"。这些理想的人格模式,无疑对现代企业家人格产生了深刻影响。然而,在漫长的封建社会演变过程中,传统文化对人格的塑造也暴露出了一些问题。

1. 依赖性

传统文化中的"人者仁也"定义,强调了个体与他人的关系,导致了一种他律倾向,即个体的价值判断往往受他人制约,缺乏独立性。这种依赖性在企业管理者身上表现为唯命是从、毫无主见，削弱了企业家精神中的独立性与创新性。

2. 片面重视道德

传统文化在人格设计上过分强调以道德为本位的价值观，导致企业管理者在实际操作中可能过于注重道德判断而忽视法律与契约精神。在现代经济运行中，企业间的分工合作需要遵守契约与法律，而片面强调道德可能导致企业管理者在处理商业关系时缺乏灵活性与效率。

3. 怯懦性

传统文化中的"天人合一"观念强调与环境的适应与妥协，而非重塑与改造。这种观念在企业管理者中可能导致守成有余而创新意识不足，缺乏冒险与革新精神。

4. 静态性

农业社会的缓慢生产力发展与稳定的家庭生产方式使人们形成了喜静厌动的心态。这种静态性在企业管理者身上表现为满足现状、不求变革的心理状态，与企业家精神中的进取性与变革性相悖。

5. 重人不重事

传统文化的人文主义特征导致了对人的研究偏重而忽视对自然的研究。这种倾向在企业管理者中表现为过于关注员工当前的现实利益而忽视企业的长远发展与科学实验精神，影响了企业行为的理性化与长远规划。

**（三）传统文化对企业家人格的正面影响**

尽管传统文化对企业家人格存在上述负面影响，但我们也不能忽视其积极的一面。传统文化中的某些元素对于塑造企业家健全的人格与推动企业家精神的发展同样具有重要意义。

1. 适应性

"天人合一"的思想强调了人与自然、个人与群体的协调关系。在现代企业管理中，这种适应性有助于企业家在驾驭企业发展时注重企业与社会、产品与环境的协调发展，实现资本与生态的良性循环。这对于构建可持续发展的企业模式具有重要意义。

2. 内控性

传统文化对道德的重视有助于企业管理者通过道德内控来协调企业的经济

效益与社会效益、微观利益与宏观利益、短期利益与长期利益之间的关系。在新旧体制转变时期，这种内控性对于处理国家、企业、个人三者之间的利益关系尤为重要，它能够有效地弥补新秩序缺位或不完善所带来的混乱，促进转型的顺利进行。

3. 典范性

"修身、齐家、治国、平天下"的传统观念强调了个人修养与自我提升的重要性。这种观念有助于企业管理者重视自身素质的提高，通过内心道德修养的提升来发挥典范作用，增强企业的向心力与凝聚力。企业家作为企业的领导者与决策者，其个人修养与道德水平对于企业文化与员工行为具有深远的影响。

## （四）传统文化与企业家人格的互动机制

传统文化对企业家人格的影响并非单向的，而是存在一个互动机制的。一方面，传统文化通过其深厚的文化底蕴与价值观念塑造着企业家人格；另一方面，企业家人格也在不断地吸收、融合并创新着传统文化元素，形成具有时代特色与个性特征的企业家精神。

1. 传统文化的传承与创新

企业家在传承传统文化的同时，也会根据自身的经验与实践对其进行创新与完善。这种创新不仅体现在对传统文化元素的重新诠释与运用上，更体现在将传统文化与现代商业理念相结合，创造出具有独特魅力的企业文化与商业模式上。

2. 企业家人格的塑造与提升

传统文化为企业家人格的塑造提供了丰富的资源与素材。企业家通过学习与借鉴传统文化中的智慧与经验，不断提升自己的道德修养、决策能力与领导魅力。同时，企业家也会根据自己的性格特质与企业发展需求对传统文化进行筛选与整合，形成独特的企业家人格。

3. 企业家精神的形成与传播

在传统文化与企业家人格的互动过程中，企业家精神得以形成并传播。这种精神不仅体现了企业家的个人魅力与领导力，更体现了企业对社会责任的担当与对创新精神的追求。企业家精神作为企业文化的核心与灵魂，对于激发员工积极性、提升企业形象与竞争力具有不可替代的作用。

## 二、传统文化与企业家经营理念

### （一）经营理念与企业家精神

在探讨企业家精神与经营理念之前，我们需首先明确这两个概念的核心内涵。经营理念作为企业家在企业经营过程中所秉持的指导思想，是企业家对外部环境变化进行适应、借助经营要素对企业生存与发展进行系统规划的思想观念。它不仅是企业家个人智慧的结晶，更是企业文化与战略方向的集中体现。随着全球市场竞争的日益激烈，经营理念的重要性愈发凸显，它已成为企业在激烈市场竞争中脱颖而出的关键要素。

企业家精神则是企业家在经营活动中所展现出的独特品质与价值观，是推动企业不断向前发展的内在动力。它涵盖了创新精神、冒险精神、竞争精神等多个方面，是企业家在面对挑战与机遇时所表现出的勇气与智慧的体现。企业家精神与经营理念相辅相成，共同构成了企业发展的核心竞争力。

在全球化的商业环境中，不同国家的企业家因其所拥有的文化背景与历史氛围的差异，形成了各具特色的经营理念。例如，犹太商人重视契约精神，通过详尽的合同与法律顾问的协助来确保交易的安全；印度商人则更注重现实利益，强调经营道德与现金流的重要性；而中国企业家则普遍秉持"信用加勤勉"的理念，强调白手起家、刻苦努力与人际关系的维护。这些经营理念不仅反映了各国文化的独特性，也为企业家在全球市场中取得差异化竞争优势提供了宝贵思路。

随着生产力的发展与市场环境的变迁，企业家的经营理念也在不断地更新与进化。在当代社会，仅凭物美价廉已难以在市场中立足，消费者更加关注企业的文化形象与经营理念。因此，树立现代的经营理念，构建独特的企业文化，已成为企业家在竞争中取得胜利的重要法宝。例如，日本商界企业家就十分重视企业经营文化的建设，通过提供丰富的文化体验与社交活动机会，增强企业与顾客之间的情感联系，从而达成经营目标。

### （二）传统文化对企业家经营理念的负面影响

传统文化作为企业家成长的重要背景，其对企业家经营理念的影响并非全然积极。在某些方面，传统文化甚至可能对企业家的经营理念产生负面影响，阻碍企业的发展与创新。

1. 封闭性思维的束缚

中国传统社会是以家庭为生产单位的农业经济社会,其自给自足、狭隘封闭的特点对后世企业家产生了深远影响。这种封闭性思维导致企业家在经营过程中往往倾向于各自为政、缺乏合作,形成了"大而全""小而全"的企业发展模式。企业间缺乏有效的分工与合作,不仅浪费了资源,还降低了整体效率。同时,这种封闭性思维也阻碍了企业对外界信息的接收与利用,使企业难以适应快速变化的市场环境。

2. 非竞争性的经营理念

受传统文化"重人不重事"观念的影响,企业家在经营理念上往往缺乏竞争意识。这种非竞争性的经营理念导致企业内部各部门甚至企业之间充满了"合和性",缺乏必要的竞争压力与激励机制。在没有外在竞争压力的情况下,企业家往往缺乏创新的动力与勇气,导致企业经营效率与劳动效率低下。此外,人情因素在交易过程中的过度介入也扭曲了市场交易规则,阻碍经营活动的正常开展。

3. 保守性的经营策略

古代社会工商业者社会地位低下,往往追求"小富即安"的生活状态。这种保守性的观念对现代企业家产生了深远影响,使他们在制定经营计划时往往过于谨慎、缺乏冒险精神。企业家在制订经营计划时不是根据企业的实际情况与市场变化来制订最佳方案,而是过分依赖上级机关的指标与要求,缺乏主动性与创新性。这种保守性的经营策略不仅限制了企业的发展,还可能导致企业在激烈的市场竞争中被淘汰。

4. 轻利性的价值取向

传统文化中重义轻利的价值观对企业家的经营理念产生了深远影响。这种价值取向导致企业家在经营过程中往往过于注重道德义理而忽视经济效益的追求。在社会主义市场经济条件下,企业家需要遵循市场规律、追求最大利润以实现企业的持续发展。然而,轻利性的价值取向可能使企业家的经营目标模糊化、内驱力弱化,从而影响企业的经济效益与市场竞争力。

5. 平庸性的经营风格

受到传统文化"大一统"观念的影响,企业家在经营过程中往往忽视对企业个性的培养与塑造。这种平庸性的经营风格导致企业在经营方式、服务项目、商品包装等方面缺乏独特性与创新性，难以在市场中脱颖而出。随着市场细分的不断深入与消费者需求的日益多样化，缺乏个性的企业将难以适应市场经济的发展需求而逐渐失去生存的基础。

**（三）传统文化对企业家经营理念的正面影响**

尽管传统文化对企业家经营理念产生了诸多负面影响，但我们也不能忽视其在某些方面所起到的积极作用。传统文化中蕴含的丰富智慧与道德观念为企业家提供了宝贵的思想资源与精神支撑。

1. 勤勉观的传承与发扬

中国传统文化中强调勤勉、刻苦的精神对企业家产生了深远影响。这种精神使企业家在创业过程中能够克服重重困难、不断进取。在现代社会，这种勤勉观仍然具有重要的现实意义。企业家需要保持艰苦奋斗的创业精神，通过精打细算、勤俭节约来降低企业成本、提高经济效益。同时，勤勉观也促使企业家不断学习新知识、掌握新技能以适应快速变化的市场环境。

2. 人际观的运用与提升

传统文化中的人际观强调人与人之间的和谐与互助。这种观念在企业家经营理念中得到了充分体现。企业家注重与员工、顾客、供应商等利益相关者的沟通与协作，通过建立良好的人际关系来增强企业的凝聚力与竞争力。例如：企业家通过提供优质的产品与服务来赢得顾客的信任与忠诚；通过关爱员工、激发员工的潜能来提高企业的整体业绩；通过与供应商建立长期稳定的合作关系来确保供应链的稳定与高效。

3. 义利观的融合与平衡

孔子的仁德、信、义思想对企业家经营理念产生了深远影响。企业家在追求经济效益的同时，也注重企业的社会责任与道德义务。他们强调见利思义、不见利忘义，通过树立正确的义利观来引导企业健康发展。这种义利观的融合与平衡不仅有助于提升企业的社会形象与声誉，还有助于构建和谐的企业文化与良好的经营环境。

4. 系统观的运用与实践

传统文化中的系统观强调整体性与协调性。这种观念在企业家经营理念中得到了广泛应用。企业家在制定经营策略时，往往需要从全局出发、综合考虑各方面的因素。他们运用系统的观点来分析市场环境、制订战略计划、优化资源配置以实现企业的整体发展。这种系统观的运用与实践有助于提高企业家的决策水平与经营效率,推动企业的持续发展。

### (四)传统文化与企业家经营理念的养成

鉴于传统文化对企业家经营理念的正反两方面影响,我们需要探索一条将传统文化与现代经营理念相结合的道路,以培养具有时代特色与文化底蕴的企业家精神。

1. 批判性继承与创新性发展

在面对传统文化时,企业家应保持批判性态度,剔除其中的封建糟粕与过时观念,同时继承并发扬其中的优秀成分与智慧结晶。例如,我们可以借鉴传统文化中的勤勉观、人际观等积极元素,同时摒弃其中的封闭性、非竞争性等消极因素。在此基础上,企业家还应结合现代经营理念与市场需求进行创新与发展,形成具有时代特色的经营理念与企业文化。

2. 加强文化教育与培训

为了培养具有文化底蕴的企业家精神,我们需要加强企业家的文化教育与培训工作。通过开设相关课程、举办讲座与研讨会等方式,向企业家传授传统文化的精髓与现代经营理念。同时,还可以通过案例分析、实地考察等方式,让企业家在实践中领悟传统文化的智慧与现代经营理念的融合之道。

3. 营造良好的企业文化氛围

企业文化是企业经营理念的集中体现与重要载体。为了培养具有文化底蕴的企业家精神,我们需要营造良好的企业文化氛围。通过制定企业文化战略、加强企业文化建设等方式,将传统文化与现代经营理念融入企业的日常运营与管理之中。同时,还可以通过举办文化活动、设立文化基金等方式,增强员工对企业文化的认同感。

4. 强化实践探索与经验总结

实践是检验真理的唯一标准。为了将传统文化与现代经营理念相结合并应用于实际经营之中,企业家需要不断强化实践探索与经验总结。通过不断尝试新的经营方式与管理模式,企业家可以在实践中发现问题、解决问题并积累经验。同时,还可以通过总结成功案例与失败教训,为未来的经营决策提供有益的参考与借鉴。

## 三、传统文化对企业家管理文化的影响

### （一）管理文化与企业家精神

管理文化是社会历史实践的产物，与生产力水平和管理水平紧密相连，共同构成了人类文明进步的重要内容。从历史发展的纵向视角来看，管理文化的演变与生产力水平的提升呈现出显著的同步性。在原始社会，管理文化体现为氏族首领的权威与氏族成员间的朴素平等；奴隶社会则见证了奴隶主专政与奴隶作为"会说话的工具"的悲惨地位；封建社会以地主阶级的等级制、世袭制及农民对地主的依赖为管理文化的特征；而资本主义社会的到来，伴随着科技革命与思想解放，管理文化亦步入了新的发展阶段，科学管理理论应运而生，以泰罗为代表的古典管理学者通过严格的规章制度与"经济人"假设，有效提升了生产效率，推动了工业文明的进程。

企业家管理文化，作为管理文化在现代企业层面的具体体现，是企业家在履行管理职能过程中，为达成管理目标而凝聚的全体员工所遵循的价值观念与行为准则。这一文化的形成与发展，不仅受到生产力水平的制约，更深受传统文化的影响。在中国，由于生产力水平长期相对落后及传统文化底蕴深厚，企业管理者的管理文化水平普遍不高，表现为对硬性管理的忽视与对软性管理的非理性重视，这在一定程度上阻碍了企业效率的提升与竞争力的增强。随着改革开放的深入与生产力的不断解放，提升企业管理者的管理文化水平，实现"软""硬"管理要素的有机融合，成为构建中国特色企业家管理文化的迫切需求。

### （二）传统文化对企业家管理文化的负面影响

传统文化是民族精神的根基，其深远影响渗透于社会生活的各个层面，包括企业家管理文化。然而，传统文化中的某些元素，却对企业家管理文化的现代化转型构成了明显的阻碍。

1. 均平观的束缚

传统文化中的平均主义思想，根植于"东方式嫉妒"的心理土壤，抑制了人才的脱颖而出与创新精神的开拓。在经济利益分配上，均平观念削弱了经济杠杆的激励作用，导致人们积极性的降低。在企业内部，管理者与员工之间的均平倾向削弱了企业家精神的产生动力，员工间的均平主义则影响了管理效能的发挥。

2. 等级观的桎梏

传统文化强调的"贵贱有等，长幼有序"的等级观念，不仅影响了企业的组织结构，还制约了企业管理者的主动性与创造力。政企不分的传统体制加剧了这一倾向，企业管理者过于看重行政级别，导致企业缺乏活力与个性。内部管理的等级化、官僚化，使得企业难以适应市场经济的快速变化。

3. 重投入轻产出的误区

受传统手工业管理模式的影响，部分企业管理者缺乏成本与效益观念，重视投入而忽视产出。在计划经济体制下，这种倾向更为显著，企业更多地关注于争取资源与执行计划，而非市场需求与经济效益。在市场经济条件下，这种管理思维显然难以持续。

4. 中庸之道的局限

传统文化中的中庸之道，强调稳重与和谐，却也可能导致企业管理者在决策时过于保守，缺乏冒险与创新精神。在快速变化的市场环境中，中庸之道可能成为企业发展的绊脚石，使企业错失发展良机。

5. 经验主义的束缚

传统文化重视经验积累，但在现代社会，仅凭经验进行决策已难以满足复杂多变的市场需求。经验主义者忽视了科学分析与量化管理的重要性，容易导致决策失误与效率低下。

6. 人治大于法治的困境

传统文化中的人治观念，使得企业管理者在管理中往往依赖个人意志而非规章制度。这不仅降低了管理的公正性与透明度，还可能导致企业管理的混乱与不可持续。

7. 官本位观念的阻碍

传统文化中的"士农工商"价值观，影响了人们对企业管理岗位的看法。许多有才华的年轻人因此不愿进入企业管理领域，而企业管理者也可能将职务与仕途紧密相连，影响了企业家队伍的稳定性与专业性。

（三）传统文化对企业家管理文化的正面影响

尽管传统文化对企业家管理文化存在诸多负面影响，但其同样蕴含着丰富的智慧与启示，为现代企业管理提供了宝贵的借鉴。

1. 赏罚观的启示

传统文化强调赏罚分明，注重赏罚的公正性、适度性与时效性。这一观念对于构建现代企业的激励机制具有重要意义，有助于激发员工的积极性与创造力。

2. 兼听观的智慧

传统文化倡导广开言路、兼听则明。这一思想对于企业管理者优化决策、避免片面性具有积极作用。通过倾听多方意见，企业管理者可以更加全面地了解企业内外环境情况，做出更为明智的决策。

3. 人才观的借鉴

传统文化重视人才的作用，强调选贤任能、用人不疑。这一观念对于现代企业构建人才梯队、激发人才潜能具有指导意义。企业管理者应重视人才的选拔与培养，为人才提供广阔的发展空间与良好的工作环境。

4. 仁爱观的融合

传统文化中的"仁爱"思想，强调以人为本、和谐共处。这一观念对于现代企业构建和谐的企业文化、增强员工归属感具有重要作用。企业管理者应以仁爱之心对待员工，关心员工的生活与工作，从而提高与激发员工的忠诚度与奉献精神。

5. 整体观的运用

传统文化注重整体思维与系统谋划。这一思想对于现代企业制定战略规划、协调内外部资源具有重要意义。企业管理者应将企业视为一个整体系统，综合考虑各种因素之间的相互作用与影响，以实现企业的可持续发展。

### （四）传统文化与企业家管理文化的形成

传统文化与企业家管理文化之间的关系并非简单的对立，二者是相互融合、相互影响的。在构建中国特色企业家管理文化的过程中，我们既要正视传统文化中的消极因素，积极寻求扬弃之道；也要深入挖掘传统文化中的积极元素，为现代企业管理提供智慧与启示。

1. 扬弃与创新并举

面对传统文化中的均平观、等级观等消极因素，我们应勇于扬弃，通过制度创新与文化重塑，打破束缚企业发展的枷锁。同时，积极借鉴西方先进的管理理念与方法，结合中国国情与企业实际，进行本土化创新。

## 2. 传承与融合并重

对于传统文化中的赏罚观、兼听观等积极元素，我们应加以传承与发扬。通过将这些传统智慧融入现代企业管理之中，构建具有中国特色的管理文化体系。同时，注重与西方管理文化的交流与融合，实现东西方管理智慧的互补与共赢。

## 3. 培养企业家精神

企业家精神是企业家管理文化的核心。在传统文化背景下，我们应积极培养企业家的创新精神、冒险精神与责任感。通过营造鼓励创新、容许失败的企业文化氛围，激发企业家的潜能与创造力。同时，加强企业家队伍建设，提升企业家的整体素质与管理水平。

## 4. 强化法治与规则意识

针对传统文化中人治大于法治的倾向，我们应大力推行法治化管理，建立健全企业规章制度与管理体系。通过强化规则意识与法治精神，确保企业管理的公正性、透明度与可持续性。同时，加强企业文化建设，培育员工的法治观念与规则意识。

# 第三章　科学精神的内涵与培育

## 第一节　科学精神的内涵

科学是一种植根于实践的活动范式，其独特之处在于其所遵循的科学方法。科学方法不仅是科学探索的基石，更是其与其他领域活动相区分的核心标志。该方法的核心在于细致入微的观察与严谨的实验设计，这一过程以理论间严密的逻辑关系为前提与假设，并借助数学这一精确的语言工具进行表述，从而确保了科学知识的系统性、准确性和可验证性。

科学的演进并非孤立于社会文化与精神环境之外，实则深受二者影响。科学活动不仅是一项特殊的实践，更是一个在特定精神动力与价值导向驱动下不断前行的过程。从科研项目的选题立意，到实验设计的精妙构思，再到研究成果的解读与应用，科学的每一个环节都深深烙印着科学家个人及科学共同体共有的精神特质与价值取向。这些精神因素，如求真务实的态度、勇于探索的精神、对知识的无限渴望以及对人类福祉的深切关怀，共同构成了科学活动不可或缺的精神内核，引导着科学不断向前发展，为人类社会的进步贡献全部力量。

### 一、科学的含义

科学是人类智慧的结晶，其内涵与外延远非单一视角所能全然捕捉。依据贝尔纳的深刻洞察，科学不仅是知识的累积，更是建制、方法、知识传统、生产力提升的驱动力，以及塑造信仰与宇宙观、人生观的强大力量。本书旨在从认知方式、知识系统、文化类型及社会建制四个维度，全面而深入地探讨科学的多元面向，同时反思科学的局限与误用，以期更为全面、客观地理解科学。

#### （一）科学是一种认知方式

首先且根本上来说，科学是一种旨在揭示自然界与人类社会本质规律的认知方式。它以"物的尺度"为基准，追求客观真理，不容许任何主观臆断与盲目信仰的侵扰。科学认知的基石在于实证，任何科学理论的建立都必须基于可观察、可验证的事实，否则即便是最激动人心的假设，也终将如沙堡般经不起时间的冲刷。因此，科学认知方式的核心特质在于其实事求是、光明磊落的态度，它要求科学家在探索未知时，必须以严谨的逻辑、精确的数据与可重复的实验为基础，从而确保知识的真理性与客观性。

科学认知与物质生产、阶级斗争等实践活动虽有共通之处（它们都是人类改造世界的尝试），但科学的独特之处在于其认知的先决性。科学不仅是对现实的反映，更是对现实的超越，它通过认知的深化来指导实践，实现技术的革新与社会的进步。科学认知的主体是科学家组成的共同体，他们利用精密的仪器、严谨的方法，对自然界这一带有人类实践烙印的对象进行深入的探索与认识。这一过程虽不可避免地受到社会因素的影响，但科学界始终努力维护其自主性，力求在认知的纯粹性上达到最高标准。

### （二）科学是一种知识系统

科学作为人类实践活动的产物，同时也是一种高度系统化的知识体系。它以概念、范畴、定理、命题、假设、定律、公式等形式，构建起一座逻辑严密的知识殿堂。科学知识的客观性、准确性使其成为人类认识世界、改造世界的可靠工具，它不仅是对相对真理的不断逼近，也是对绝对真理的不懈追求。与宗教、迷信、伪科学等相比，科学知识的价值在于其可验证性、可修正性，以及对于错误的开放态度，这使得科学成为鉴别真伪、去伪存真的利器。

科学知识系统的建立，不仅是对自然界规律的总结，更是人类认知能力的体现。随着科学知识的积累，人类对世界的理解日益深刻，掌握的自然规律越来越多，从而提高了人类改造自然、提升生活质量的能力。科学作为知识系统，不仅是对现状的解释，更是对未来的预见与指导，它为人类从"必然王国"迈向"自由王国"提供了强大的智力支持。

### （三）科学是一种文化类型

科学是一种深刻影响人类社会的文化现象。科学文化以其独有的知识体系、方法论和价值观，对人类的认知模式、思维方式、行为规范乃至审美取向产生了深远影响。科学知识的普及教育，不仅提升了公众的科学素养，更促进了理性思维、批判性思维的形成，为社会的进步提供了正确的价值导向。

科学方法是科学文化的精髓，不仅限于科学研究的范畴，它还以其严谨性、逻辑性、实证性，渗透到社会生活的各个领域，成为推动社会进步的重要力量。科学方法的应用，促进了决策的科学化、管理的精细化，也提升了个人在日常生活中的理性判断能力。此外，科学精神——如求真务实、勇于探索、无私奉献、淡泊名利、独立思考等——成为人类共同的精神财富，激励着人们在各个领域追求卓越、勇于创新。

科学家的典范事迹，不仅是科学成就的展示，更是科学精神的传承。他们以身作则，践行社会主义核心价值观，成为民族精神和爱国主义教育的生动教材。科学家的道德情操、价值观念，不仅丰富了先进文化的内涵，还为构建和谐社会提供了强大的精神动力。科学文化与社会主义核心价值观的深度融合，展现了科学精神与人文精神的和谐共生，为现代社会的全面发展提供了坚实的文化支撑。

**（四）科学是一种社会建制**

科学的发展，不仅依赖于个体的智慧与努力，还依赖于一套完善的社会建制。默顿对科学精神气质的概括——普遍主义、公有性、无私利性、有组织的怀疑主义——揭示了科学建制的核心原则。这些原则体现在科学界的规范体系中，如以普遍主义为基础的评价标准、以公有性为原则的知识共享机制、以无私利性为导向的研究动机，以及以有组织的怀疑主义为特征的学术批判氛围。

科学的社会建制，通过大学、研究所、实验室、课题组等机构，为科学研究提供了必要的物质条件与制度保障。这些机构不仅承担着知识生产与传播的功能，更是科学家交流思想、碰撞智慧的场所。科学建制中的奖励制度、社会分层、学术交流等，共同构成了科学发展的生态环境，激励着科学家们不断探索未知，攀登科学高峰。

**（五）科学的局限与超越**

科学并非万能，其局限性不容忽视。在自然科学领域，仍有许多未解之谜等待揭示，未知领域的扩张速度甚至超过了已知领域的拓展。在社会科学与人文领域，科学方法的直接应用面临更多挑战，道德、价值判断往往超越了科学的能力范围。科学的无力感恰恰证明了人文学科的重要性，它们相互补充，共同构成了人类文明的完整图景。此外，科学技术的发展也带来了环境破坏、生态失衡、资源枯竭等负面效应。科学的应用，若缺乏伦理的约束与长远的考量，可能会引发更多问题，甚至威胁人类自身的生存与发展。因此，科学的应用必须遵循可持续发展的原则，确保科技进步服务于人类的整体福祉。

科学的可错性，是其生命力所在。波普尔的"可证伪性"原则强调，科学理论必须接受实践的检验，随时准备被修正或推翻。这种对错误的开放态度，是科学不断进步的动力。相比之下，伪科学则声称绝对正确，拒绝任何形式的质疑与修正，这是对科学精神的背离。最后，科学的社会建制虽强调客观性与普遍性，但在实际操作中，科学家的价值观念、社会背景等因素不可避免地会影响科学研究的选题、方法与结论。因此，科学界应不断加强自我反思与批判，确保科学研究的公正性与客观性。

## 二、科学技术的发展

科学技术是人类智慧的结晶，其发展历程几乎与人类的文明史相伴相随，共同书写着人类进步的篇章。从远古时代的科学思想萌芽，到奴隶社会的技术初兴，再到封建社会的科技发展缓慢与阶段性繁荣，直至近代科学的诞生与技术的飞跃，以及现代科技的迅猛发展，科学技术始终以其独特的魅力，推动着人类社会不断向前迈进。

### （一）古代科学技术

追溯科学技术的历史源头，我们不得不回到人类文明的最初阶段——远古时代。在那个时代，虽然人类的生产力水平极为低下，但科学思想的火花已经开始在人类的头脑中闪烁。随着生产力的逐渐提高，特别是进入奴隶社会后，科学技术有了显著的发展。在公元前4000年至公元前2000年这一历史时期，古巴比伦、古埃及、古印度以及古代中国，这四个位于不同地域的文明中心，先后崛起，成为举世闻名的四大文明古国，它们在各自的地域内创造了辉煌的科技成就，为人类文明的发展奠定了坚实的基础。

古巴比伦和古埃及的文明，对后世科学技术的发展产生了深远的影响。古巴比伦人在数学和天文学方面有着突出的贡献，他们发明了六十进制和算术，为后来的数学发展奠定了基础；他们还编制了星表，对天体运行进行了系统的观测和记录。古埃及人在天文学、数学、建筑学、医学等领域都取得了显著的成就。他们利用尼罗河的定期泛滥来制定历法，发展出了较为精确的天文观测技术；在数学方面，古埃及人擅长几何计算，用于土地测量和建筑规划；在建筑学上，金字塔和神庙的建造展示了他们高超的建筑技艺；在医学领域，古埃及人留下了许多关于疾病诊断和治疗方法的宝贵记录。

进入封建社会后，欧洲的科学技术发展相对停滞，但在阿拉伯国家、印度和中国，科学技术却得到了较大的发展。阿拉伯人在医学、物理学、天文学和数学等领域取得了显著的成就。他们翻译和研究了大量的古希腊科学著作，为科学的传承和发展作出了重要贡献。同时，阿拉伯人还在医学实践中积累了丰富的经验，形成了独特的医学体系。在印度，数学和天文学得到了长足的发展。印度人发明了阿拉伯数字，为数学的计算提供了极大的便利；同时，他们还编制了精确的星表，对天文学的研究作出了重要贡献。而在古代中国，科学技术的发展更是达到了辉煌的顶峰。中国在青铜器与铁器冶炼、农学、天文学、医学等领域都取得了举世瞩目的成就。青铜器和铁器的广泛使用，极大地提高了社会生产力；农学的进步，使得农业生产水平得到了显著的提升；天文学的发展，为历法的制定和天文观测提供了科学依据；医学的繁荣，为人民的健康保障提供了有力的支持。

**（二）近代科学技术**

经过中世纪的漫长岁月，欧洲封建社会内部的生产方式发生了根本性的变化。随着生产技术的进步和商品经济的发展，新兴资产阶级逐渐崛起，他们反封建、反宗教的政治革命，推动了人类社会进入了一个新的时代——近代。在这个时代，自然科学开始从神学的束缚中解放出来，以空前的速度和规模发展起来。

16 至 18 世纪，是近代自然科学搜集材料和初步建立理论体系的时期。在这一时期，经典力学得到了较为完善的发展，形成了经典力学体系。伽利略对自由落体和抛物体运动的研究，为动力学的发展奠定了基础；开普勒提出的行星运动三定律，揭示了天体运动的规律；而牛顿的万有引力定律和力学运动三定律，则将经典力学推向了巅峰，形成了一个完整的理论体系。这一时期的数学也取得了重大的进步，解析几何学和微积分学的创立，为自然科学的研究提供了有力的数学工具。同时，对热和电磁现象的实验研究以及几何光学的发展，也为后来的物理学和化学研究奠定了基础。

18 世纪，第一次技术革命悄然兴起。这场革命以纺织机械的革新为起点，以蒸汽机的发明和广泛使用为标志，实现了工业生产从手工工具到机械化的转变。蒸汽机的出现，极大地提高了生产效率，推动了工业生产的飞速发展。第一次技术革命不仅促进了生产力的提高，还推动了科学研究的深入发展。科学家们开始关注热学、电学、磁学等领域的研究，为后来的物理学和化学的发展奠定了坚实的基础。

第一次技术革命之后，近代自然科学的发展出现了巨大的飞跃。化学、生物学、地质学、热力学、电磁学等学科迅速发展起来，扩展和加深了人们对自然界的认识。细胞学说、能量守恒定律、生物进化论等重要理论的提出，揭示了物质世界的普遍联系和无限发展的辩证性质，彻底粉碎了机械的自然观，为辩证唯物主义自然观的形成奠定了基础。电磁理论的建立，更是展现了电力技术的发展远景，预示着新的技术革命的到来。

19世纪后半叶，以电力技术的广泛应用为标志的第二次技术革命爆发。这场革命不仅推动了电力工业的发展，还带动了其他相关产业的进步。电力的广泛应用，使得生产效率得到了空前的提高，社会生产力有了巨大的飞跃。同时，第二次技术革命也为自然科学的发展提供了新的机遇和挑战。科学家们开始关注电学、磁学、光学等领域的深入研究，为后来的物理学、化学、生物学等学科的发展奠定了坚实的基础。此外，技术革命还促进了科学教育的普及和科学研究的国际化，为科学知识的传播和交流提供了更加广阔的平台。

19世纪自然科学的辉煌成就与技术革命的推动密不可分。技术革命中提出的一系列新课题，激发了科学家们的探索热情，推动了新的科学发现和理论创新。同时，技术革命为自然科学的发展提供了新的认识工具和技术手段，提高了科学家们的认识能力，使得科学研究能够不断达到新的广度和深度。此外，技术革命所创造的巨大生产力，充分显示了科学技术的威力，使得资产阶级进一步认识到发展科学的重要性，从而采取了资助和保护科学发展的措施，为自然科学的发展提供了有力的支持。

### （三）现代科学技术

20世纪以来，科学技术的发展进入了一个新的阶段——现代科学技术时期。这一时期，科学技术的发展速度之快、影响之广，远远超过了以往任何时期。相对论和量子力学的创立，为现代物理学的发展奠定了坚实的基础。随后，核物理学与粒子物理学的巨大进展和原子能技术的开发利用，以及凝聚态物理学的形成和发展，推动了物理学研究的深入和拓展。这些成就不仅揭示了物质世界的更深层次的结构和运动规律，还为原子能、核能等新能源的开发利用提供了理论依据。

受物理学革命的直接影响，化学领域也发生了重大变革。现代化学在理论上获得了巨大进展，如量子化学、分子轨道理论等新的理论的提出，为化学研究提供了新的视角和方法。同时，科学家们在发现化学元素和合成化合物方面也取得了长足进步，如人工合成氨、塑料、合成纤维等新型材料的研制成功，为现代化学工业的发展奠定了坚实的基础。这些新型材料的广泛应用，不仅改善了人们的生活质量，还推动了相关产业的进步和发展。

天文学和地质学在 20 世纪也有了许多重大的发现。随着观测和实验手段的不断提高，科学家们对宇宙和地球的认识更加深入。如哈勃定律的提出，揭示了宇宙膨胀的事实；板块构造理论的建立，解释了地壳运动和地震发生的机制。这些发现不断地冲击着传统的天文学和地质学，推动了学科的发展和进步。同时，这些发现也引起了人们对自然哲学和宇宙的深入思考，为哲学的发展提供了新的素材和启示。

生物学在 20 世纪也取得了巨大的发展。现代遗传学和分子生物学的诞生，使整个生物学发生了革命性的变化。遗传学的进步，揭示了生物遗传的规律和机制，为生物育种和遗传病的防治提供了理论依据。而分子生物学的兴起，则使得科学家们能够从分子水平上研究生命现象，为生物技术的发展和生物工程的兴起奠定了坚实的基础。这些成就不仅推动了生物学的发展，还为医学、农学等学科提供了新的技术和方法。

控制论、信息论、系统论是在 20 世纪 40 年代涌现出来的一组综合性学科。它们以不同的方法、从不同的角度揭示了客观世界的本质联系和运动规律，为现代科学技术的发展提供了新的理论和方法论基础。这些学科的产生和发展，不仅推动了自然科学研究的深入和拓展，还为工程技术、管理科学等提供了新的思路和方法。它们的广泛应用，使得人们能够更加有效地控制和管理系统，提高生产效率和社会效益。

第三次技术革命，即现代技术革命，始于 20 世纪 40 年代，至今仍在以迅猛的速度向前发展。这次革命的主要标志是原子能、空间技术和电子计算机的广泛应用。第三次技术革命经历了两个阶段：第一阶段是 20 世纪 40 至 60 年代，核技术、电子计算机技术、空间通信技术逐渐走向成熟；第二阶段是 20 世纪 70 年代至今，以信息技术为核心的新兴技术群引起了当代技术领域的巨大变革。这次技术革命不仅推动了生产力的飞速发展，还引起了社会结构的深刻变化。

它使得信息成为社会发展的核心资源,加速了信息化社会的到来。同时,它还促进了全球化的进程,密切了世界各国之间的联系和交流。

科学技术的发展仍将继续推动人类社会的进步和发展。以信息技术为主导的高技术群,已经形成了当代高科技发展的主流。这些技术不仅具有产业关联度强、市场需求潜力大、技术密集度和产品附加值高等特点,还在不断向着更广阔的宏观领域、更精细的微观领域和更复杂化的领域方向发展。可以预见,一场以信息、生物、新材料等高新技术的继承和创新为特点的产业革命高潮正逐步到来,这将给人类社会的发展带来新的机遇和挑战。而科学技术作为推动社会进步的重要力量,也必将在新世纪继续为人类文明作出更加辉煌的贡献。

### 三、科学精神的核心

科学精神是人类探索自然、理解世界、推动社会进步的重要动力,其内涵与外延随着时代的发展而不断丰富和深化。近代以来,随着西方科学知识的引入与传播,科学精神逐渐成为我国社会各界关注的焦点。特别是在五四运动之后,面对对传统文化的深刻反思与科学民主的迫切需求,科学精神被赋予了新的时代意义,成为推动社会变革、文化更新的重要力量。在当代社会,科学精神不仅是我们抵御伪科学、封建迷信的有力武器,更是促进传统文化现代化、构建科学文化体系不可或缺的关键要素。

然而,对于科学精神的核心究竟为何,学界尚存争议。这主要源于人们从不同维度、不同视角对科学精神进行解读,如认识论层面强调科学的认知功能,社会关系层面关注科学的社会影响,价值层面则探讨科学对人类福祉的贡献等。因此,为了准确把握科学精神的核心,我们首先需要明确其认定原则,即这一核心应伴随科学的产生与发展全过程,贯穿于科学的各个层面与方向,成为科学精神生成与发展的基石。同时,科学精神的核心还需植根于特定的文化背景之中,尤其在科学传统深厚的国家,这种文化背景的影响更为显著。

在此基础上,我们可以明确,求真精神是科学精神的核心。求真,即追求真理、探索未知,是科学活动的本质特征,也是推动科学不断向前发展的根本动力。求真精神使科学从最初的哲学思辨中独立出来,成为一门以实验为基础、以逻辑为工具的实证科学;它使科学在与宗教、神学、世俗偏见的斗争中逐渐壮大,成为人类社会进步的重要力量;它激励着一代又一代科学家不畏艰难、勇于探索,为人类的认知边界不断拓展贡献力量。

科学是一种动态与静态相结合的知识体系,既包含了通过实践活动对世界本质和规律的认知,也体现了科学活动的自主性与社会性。在这一过程中,求真精神是科学活动保持其纯粹性与客观性的关键。科学若失去了求真,便失去了其作为科学的本质属性,沦为一种盲目信仰或主观臆断。因此,科学在追求相对真理向绝对真理迈进的过程中,必须坚守严密的逻辑与精确的语言,以确保知识的客观性与准确性。同时,科学的社会建制也应以支持和服务于科学求真为宗旨,为科学家提供必要的资源与条件,保障科学研究的自由与独立。

求真精神在科学活动中具体体现在三个方面:

一是坚持研究对象的客观存在,这是求真精神的基础。科学研究的"真",指的是客观对象的本质、规律、属性等,它们是不依赖于人的主观意识而独立存在的。这就要求科学研究必须遵循唯物主义的世界观,将研究对象视为客观存在的实体,而非主观臆造的产物。科学研究的过程,实质上是对客观世界的探索与认识,是对"对象、现实、感性"的实践活动。因此,求真精神首先体现为对客观世界的尊重与实事求是的态度。

二是求真精神中的"求",体现了人类对思维与存在统一性的信念。如果客观世界是不可知的,那么求真便失去了意义。科学活动建立在相信思维能够正确反映客观事物的基础上,即世界的可知性。这种信念激励着科学家不断探索未知,挑战极限,推动科学不断进步。

三是求真精神强调实践是检验真理的唯一标准。在科学研究中,理论和认识是否正确反映了客观世界,是否实现了相对真理与绝对真理的统一,最终需要通过实践来检验。实践是科学活动的起点和归宿,它既是科学理论的来源,也是检验理论真理性的唯一途径。因此,求真精神要求科学家在研究过程中必须一切从实际出发,勇于实践,敢于质疑,不断在实践中修正和完善理论,实现科学的"否定之否定"式发展。

求真精神作为科学精神的核心,不仅体现了科学活动的本质特征,也引领着科学不断向前发展。在当代中国,弘扬科学精神,就是要在全社会范围内倡导求真务实的科学态度,鼓励人们勇于探索、敢于创新,为推动科技进步、促进社会发展贡献智慧和力量。

### 四、科学精神的内容

科学精神是科学活动的核心理念,其在科学的多维度、多层次及多环节中展现出的具体内容,均从根本上体现了对真理不懈追求的求真精神。然而,这些具体内容在科学精神体系中的地位并非不相上下,而是存在着主次与轻重的差异。在求真精神的统摄下,理性精神与实证精神脱颖而出,成为科学精神中最为核心且不可或缺的两大要素,被形象地誉为科学精神的"一体两翼"。这表明,在科学发展的各个历史阶段,求真、理性与实证始终保持着相对的稳定性,构成了科学精神最为坚实的基石。

与此同时也应注意到,科学精神在科学发展的不同历史时期和特定语境下,会呈现出多样化的表现形态。这主要是因为,随着科学研究的深入和拓展,人们对科学的认知和理解不断发生变化,科学所承担的历史使命和社会责任也随之调整,进而导致科学的关注点和研究重心发生转移。因此,科学精神的具体内容并非一成不变,而是随着科学的发展而不断丰富和完善。

#### (一)理性精神

坚信自然界存在着不以人的意志为转移的客观规律,并且这些规律是可以通过人类的认知活动被揭示和理解的,这一信念构成了理性精神得以萌生并持续发展的哲学基础。理性认识,作为人类认识世界的高级形式,是在感性认识的基础上,通过概念、判断、推理等一系列逻辑活动,深入洞察事物本质和内在规律的能力。科学,作为理性认识的最典型代表,其本质就是理性认识的集中展现,可以说,没有理性思维的支撑,科学就失去了其存在的根基。

理性精神在科学探索中发挥着举足轻重的作用。数学、逻辑和实验为理性精神的三大核心要素,并共同构建了科学研究的严谨体系。数学是一种精确而严密的语言,不仅为科学提供了描述自然现象的有力工具,更以其内在的逻辑结构,引导科学家从纷繁复杂的现象中抽取出普遍性的规律。逻辑,则是理性思维的骨架,它确保了科学推理的严密性和一致性,使得科学结论能够经得起反复的推敲和检验。实验,则是理性精神在实践中的具体体现,它通过将理论预测与实际操作相结合,为科学理论提供最直接、最有力的证据支持。

理性精神在对自然界的认识中展现得淋漓尽致。主体理性,即人类的认识能力,它通过运用抽象逻辑思维,能够穿透现象的表面,触及事物的本质和规律,从而把人从自然界的盲目崇拜和奴役中解放出来。这种对世界的可知性认识，不仅赋予了人类求知、探索的无限动力和可能性，也促进了人类科学素养的普遍提升，为科学文化氛围的营造奠定了坚实的基础。

在科学研究的具体过程中，理性精神更是无处不在。数学作为理性思维和逻辑思维的典范，被广泛应用于各个科学领域，成为推动科学进步的重要力量。科学家在研究过程中，总是力求站在客观的立场上，以数学的精确性和确定性来审视和验证自己的观察、分析和推理结果，从而得出具有普遍意义的科学结论。

此外，理性精神还深深植根于科学的精神气质之中。默顿所概括的科学的普遍主义、公有性、无私利性和有组织的怀疑主义等特质，正是理性精神在科学研究实践中的具体体现。科学研究以客观的实践活动为基础，不受个人偏见和利益的影响；科学成果及时公开，供全人类共享；科学家们秉持无私利的态度，致力于追求真理而非个人名利；同时，他们依据理性思维，对现有的研究成果不断地审视、质疑、批评和修正，以确保科学的进步始终建立在坚实的基础上。这种理性精神的存在，不仅保证了科学的纯洁性和权威性，也为人类的认知进步和文明发展提供了不竭的动力。

**（二）实证精神**

在探索真理的复杂旅程中，实证精神与理性精神并肩而行，共同构成了科学研究的坚固基石。实证精神，作为科学活动中不可或缺的原则，强调所有科学理论、定律及假设均须通过科学实验的严格检验，方能拥有成为相对真理的资格。这一过程不仅是对知识真实性的确认，更是科学理论从潜在状态向现实真理转化的关键步骤。科学实验，作为实证精神的直接体现，不仅验证了理论的正确性，还赋予了科学以区别于其他知识形态的独特标记。科学，因此而被界定为实证科学，其本质在于以实验为基础，通过不断的验证与修正，逐步逼近客观世界的真相。

实证精神的核心在于承认实践是检验真理的唯一标准，它倡导按照客观世界的本真面貌去认识和解释世界。在这一过程中，观察和实验成为科学家手中的锐利武器，它们作为检验理论真伪的工具，确保了科学认识的客观性和准确性。同时，数学作为精确表述的科学语言，为实验数据的处理和分析提供了强有力的支持，使得科学理论得以更加严谨和精确地表达。

实证精神还体现在对实验本身的严格要求上，尤其是实验的可重复性。这一要求不仅保证了科学结果的可靠性和普遍性，还促进了科学知识的积累和传承。在实证精神的指引下，任何未经实验验证的科学理论都只能被视为假设，而科学的进步正是在不断提出假设、验证假设、修正假设的循环中实现的。

实证精神不仅使科学得以与伪科学、封建迷信等错误观念明确区分开来，还赋予了科学以正义和理性的力量。它要求科学家在研究中必须秉持实事求是的态度，从实际出发，依据充分的证据做出判断，避免主观臆断和恶意歪曲。这种严格性不仅体现了科学的严谨和公正，也确保了科学知识的真实性和可靠性。

理性精神与实证精神，作为科学精神的两大支柱，分别代表了科学研究中的理性思维和经验验证的双重维度。它们相互依存、相互促进，共同推动了科学的诞生和发展。在此基础上，科学精神进一步衍生出探索精神、创新精神、批判精神等丰富内涵，这些精神价值不仅为科学研究提供了源源不断的动力，也提升了人类的科学素养和精神境界。可以说，理性精神与实证精神的结合，不仅塑造了科学的严谨性和可靠性，也丰富了人类的精神世界，推动了文明的进步和发展。

**（三）自由精神**

在科学发展的浩瀚历史长河中，科学精神以其丰富而深刻的内涵，成为推动科学进步的不竭动力。其中，自由精神作为科学精神的要素之一，贯穿于科学实践的始终，为科学探索提供了广阔的空间和深邃的视野。自由精神不仅体现了科学研究人员独立思考的人格魅力和开放的学术态度，更是他们对知识执着追求和求真动力的生动写照。

爱因斯坦曾深刻指出，科学具有自由的品格，其本质即在于自由。他将自由精神分为外在自由和内在自由两种形态，这一划分深刻揭示了自由精神在科学活动中的多维度体现。外在自由，指的是科学研究需要有一个自由宽松的环境，包括从事科学研究的自由、获取和利用科研资源的自由、发表和交流学术成果的自由等。这是科学活动得以顺利进行的必要条件，也是科学成果得以涌现的肥沃土壤。内在自由，则是指科学研究者应敢于怀疑、批判，能够摆脱世俗偏见、习惯和利益的束缚，独立、自由地进行科学探索。这种内在的自由，是科学研究者精神世界的自由，是科学创造力的源泉。

自由精神具有批判性和非功利性两大显著特性。批判性，意味着科学必须是敢于质疑和批判的学问，它要求科学研究者不迷信权威，不盲从传统，而能够以批判的眼光审视一切科学理论和现象。这种批判性，不仅是对已有知识的挑战，更是对新知识的探索和对真理的追求。非功利性，则是指科学活动应超越实用主义的局限，追求纯粹的知识和真理。科学研究的动机，应源于对世界的好奇和探求欲，而非仅仅为了实用目的。这种非功利性，保证了科学的独立性和纯洁性，使科学能够作为一门独立的学问，不受实利所左右。[①]

自由精神的价值，在于它使科学研究活动在理性的基础上，因自由而摆脱了依附性。具有自由精神的人，成为理性的人，他们能够以开放的心态面对未知，以批判的眼光审视已知，以创新的勇气探索新知。这种自由的精神状态，不仅促进了科学知识的积累和创新，也推动了科学精神的传承和发展。

**（四）怀疑精神**

怀疑是一种认知态度和思维方式，是人类不断超越自我的自觉意识。在科学研究中，怀疑精神是科学发展的先导，也是创新的动力。它要求科学研究者对现存事物进行合理性状态的追问和反思，敢于推翻前人结论、主流观点，甚至对自己的理论也时刻保持质疑。

怀疑精神表现为敢于怀疑经典和权威。在科学探索的过程中，任何理论和规律的获取都是在相对有限的范围内完成的，作为相对真理的表现形式，它们都是允许并且经得起人们怀疑的。科学研究者应敢于把"批判的矛头"指向经典和权威，但同时也要保持理性的态度，不能贸然推翻已有的理论，而应在新的科学实践发现其局限性之前，保持适度的张力。

怀疑精神要求科学研究者勇于怀疑自己的理论。个体的思维方式和心理结构一旦形成，再进行自我突破往往面临巨大的挑战。伟大的科学家必须不断通过知识更新来实现自我反思、批判和创新，勇于推翻自己的理论假设，不断寻求新的突破点。

怀疑精神还体现在允许别人怀疑自己的理论上。这不仅是科学宽容精神的体现，也是坚持求真的彰显。科学家之间的相互争论、切磋，是科学进步的重要途径。通过允许和接受他人的怀疑，科学研究者可以更加全面地审视自己的理论，不断完善和修正，从而推动科学的进步。

怀疑精神的意义在于它推动了科学的不断发展和创新。科学不是宗教，不要求人们对其绝对虔诚和迷恋；科学也不是教条，不要求人们严格恪守"本本主义"从而在思想上被禁锢。怀疑精神使科学研究者能够保持清醒的头脑和敏

---

① 李醒民.科学的自由品格[J].自然辩证法通讯，2004（3）：5.

锐的洞察力，不断挑战和超越现有的理论，为科学的进步注入源源不断的动力。

### （五）批判精神

批判精神是科学研究不断求真、继续创新的重要保障。它要求科学研究者以彻底的批判态度审视前人理论、已有理论，甚至包括自身理论，通过不断否定和推翻，揭示真理的本质，促进科学的发展。

批判精神既包括对前人理论、已有理论的审视批判，也包括对自身理论的不断否定和推翻。它要求科学研究者以辩证法的世界观为指导，既肯定又否定，既看到事物的现存状态，又预见到其必然灭亡的未来。批判精神不崇拜任何东西，不把任何科学理论神圣化，而是以一种彻底的革命态度，揭示科学理论的内在矛盾、发展规律和未来趋势。

批判精神要求科学研究者反对绝对主义的世界观。这种世界观只肯定、不否定，把事物固定化、永恒化，阻碍了科学的进步和创新。同时，也要求科学研究者警惕相对主义的世界观，它虽然貌似带有革命性的批判精神，但因其批判的不彻底性，本质上是一种虚无主义，无法为科学研究提供正确的指导。

批判精神的实践意义在于它推动了科学的不断革命和进步。科学研究者只有具备彻底的批判精神，才能不断揭示科学理论的局限性和错误，推动科学理论的更新和发展。同时，批判精神也要求科学研究者站在无产阶级的立场上进行科学研究，摆脱个人或小团体的私利束缚，以科学的真理和人民的利益为最终追求。

在科学研究中，批判精神还体现在对科学实验的严格要求和验证上。科学理论必须经过实验的检验才能被确认为真理，而批判精神则要求科学研究者对实验结果进行严格的审视和批判，确保实验结果的可靠性和准确性。这种批判性的实验态度，不仅保证了科学研究的严谨性和可靠性，也推动了科学实验方法的不断创新和发展。

### （六）创新精神

创新是科学研究的灵魂，其根源深植于怀疑精神与对科学探索的强烈兴趣之中。它要求科学研究者超越确定性和有限性的束缚，勇于挖掘科研成果中的不确定性和不稳定性，并致力于将其修正和完善。创新精神不仅催生了科学观念、科学制度和科学精神，更书写了人类的科技史，成为推动科学进步的不竭动力。

创新并非对前人观点的随意否定，亦非无意义的重复劳动，更非对他人成果的抄袭。相反，它是在承继前人思想成果的基础上，通过深刻的思考、独特的见解和创造性的努力，实现重大的独创性发现。这种发现是在知识量变积累到一定程度后发生的质变，是科学探索中的飞跃。创新精神要求科学研究者始终保持好奇心、创造意识和批判精神，以敏锐的洞察力捕捉科学问题的本质，以丰富的想象力探索科学领域的未知，以见微知著的直觉力洞察科学发展的趋势。

创新与求真之间存在着密切而深刻的联系。创新的本质是为了更好地求真，它是求真精神的内在要求和外在表现。求真，即追求真理、探究事物的本质和规律，是科学研究的终极目标。创新则是实现这一目标的重要手段和途径。离开了求真，创新将失去方向和意义；而离开了创新，求真也将变得遥不可及。

在科学研究中，创新不仅是对已知知识的拓展和深化，更是对未知领域的探索和突破。它要求科学研究者勇于挑战传统观念、敢于质疑权威、不断提出新的假设和理论。这种勇于探索、敢于创新的行动，正是求真精神的生动体现。同时，求真也必须依靠创新来实现。只有不断创新，才能突破旧有的知识框架和思维定式，发现新的科学规律和真理。故步自封、拘泥于前人成果，只会使科学研究陷入停滞和僵化，无法取得真正的进步。

创新精神在科学实践中至关重要。它要求科学研究者始终保持对科学问题的敏锐感知和深入思考，不断提出新的研究思路和方法。在科研过程中，科学研究者需要勇于尝试、敢于冒险，不断探索新的实验技术和手段，以获取更准确、更全面的实验数据。同时，他们还需要具备批判性思维，对实验结果进行严格的审视和分析，确保数据的可靠性和准确性。

此外，创新精神还体现在科学理论的构建和发展中。科学研究者需要在继承前人思想成果的基础上，结合新的实验数据和理论模型，不断提出新的科学理论并解释。这种理论的创新不仅是对已知知识的整合和升华，更是对未知领域的预测和探索。它推动了科学理论的不断完善和发展，为科学研究提供了更加广阔的空间和视野。

**（七）民主精神**

科学研究的大门，不看身份、地位，而向所有怀揣好奇心与求知欲的心灵敞开。在科学的世界里，每个人都有权利去追寻知识的脚步，去挑战未知的领域，去表达自己对自然与宇宙的见解。这种对科学实践的自由参与，是科学民主精神的深刻体现。

科学民主精神的核心在于真理面前的平等。在科学探索的殿堂中，没有高低贵贱之分，只有对与错的判别。而这种判别的标准，不是基于权威或主流观点的认可，而是建立在观察与实验的实证基础之上。科学作为对自然界奥秘的不断探求的学科集合，其成果理应成为全人类的共同财富。因此，科学的民主精神要求研究成果的公开与共享，鼓励批判与质疑，以此推动科学理论的不断创新与发展。

建立在民主基础上的科学争论，其目的在于求真。这种争论，不是无谓的口舌之战，而是基于对知识的渴望与对真理的追求。它要求参与者以理性的态度、开放的心态去倾听不同的声音，去审视各种观点的合理性与可行性。正是这样的争论，使得科学理论在不断的批判与反思中得以完善，使得科学精神在多元的交流与碰撞中得以升华。

民主精神为科学研究营造了一个平等、开放、包容的环境。在这样的环境中，多元的争论得以产生，理性的怀疑得以彰显，平等的交流得以实现。而那些经得起批判与讨论的科学成果，也因此而显得更加珍贵。科学家作为科学探索的先锋，他们的每一次发现、每一次创新，都是在民主精神的指引下，对人类智慧的贡献，也因此而更加受人敬重。

（八）宽容精神

科学的宽容精神与批判精神并行不悖，共同构成了科学精神的丰富内涵。辩证法告诉我们，任何事物都有其存在的理由，任何认识和社会发展阶段都有其历史的必然性。在科学研究中，宽容精神是科学家应有的学术风度，是对个体认知局限性的深刻认识，是对科学探索复杂性的充分理解。

科学研究受到诸多客观因素的制约，如实验工具、仪器设备的先进性、社会生产力的发展水平等。同时，科学研究又是一项主观性极强的活动，它受到研究者个人经验、知识背景、思维方式等因素的影响。因此，科学研究成果的正确性，往往难以在第一时间得到证实。而可错性也成为科学的本性之一。宽容精神正是对这一本性的深刻洞察与充分尊重。

宽容精神要求我们对已被证伪的理论保持开放的态度，承认其在科学链条上的意义与价值，给予其被阐释与讨论的权利。它鼓励科学家在面对批评时保持平和的心态，甚至欢迎不同的声音与观点。因为正是这些不同的声音与观点，为科学探索提供了新的视角与思路，推动了科学理论的不断完善与发展。

宽容精神之所以必需，还因为新的科学理论在产生之初往往面临着重重阻力。人们的偏见、固有的思维方式、既得利益者的阻挠等因素，都可能阻碍新理论的被接受与传播。因此，宽容精神为新理论的诞生与发展提供了必要的空间与时间。它允许理论在发展过程中存在不足与缺陷，鼓励科学家在批判与反思中不断完善自己的理论。

同时，宽容精神也强调了科学流派之间的平等讨论与自由竞争。它反对任何形式的学术霸权与思想禁锢，倡导以科学实验与观察为标准的真理性检验。在这样的文化氛围中，科学研究得以自由发展、全面深入，百家争鸣、百花齐放的科学研究局面得以形成。

**（九）献身精神**

科学的公有性要求科学家从事科学研究的目的不仅仅是为了个人的名利与声誉，更是为了人类命运的福祉。科学研究需要一种忘我的牺牲与献身精神，这种精神不是一时冲动的产物，而是对知识纯粹的追求与对科学事业的笃定与坚持的结果。

"为科学而科学"，这是献身精神的最高境界。它将投身科学视为一种信念与理想，矢志不渝地追求真理、探索未知。这种崇高的理想与坚定的信念，使得科学家能够抛弃名利等身外之物，全身心地投入科学事业之中。他们默默无闻、淡泊名利，只为那份对知识的渴望与对科学的热爱。

古今中外，无数科学家用他们的生命与鲜血谱写了科学发展的不朽篇章。布鲁诺、伽利略等人为追求真理而英勇献身；邓稼先、陈景润等人为祖国科学事业的发展与进步作出了巨大的牺牲。他们的事迹不仅是对献身精神的最好诠释，更是对后来者的激励与鞭策。

献身精神是科学精神的崇高与伟大之处。它要求科学家在追求真理的道路上勇往直前、不畏艰难；它要求科学家在面对名利诱惑时保持清醒的头脑与坚定的信念；它要求科学家在科学研究中保持严谨的态度与求实的作风。正是这种献身精神，使得科学事业得以不断前进、不断繁荣。

**（十）科学伦理精神**

在科学研究、发展与应用的过程中，科学伦理精神扮演着至关重要的角色。它不仅是一套规范机制与调节手段，更是一种对科学研究的人文关怀与道德约束。科学回答的是"是否能够做"的问题，而科学伦理精神则回答的是"是否应该做"的问题。

科学伦理精神强调科学家的责任担当。在科学研究中，科学家必须实事求是，不能弄虚作假；他们必须承担起推动科技进步与避免科技滥用的双重责任；他们必须保证科学知识的正当使用，并具有学术敏锐性，能够防患于未然。科学家不仅要有深厚的专业素养与卓越的科研能力，更要有广阔的学术视野与深刻的人文关怀。

爱因斯坦曾指出，科学家在追求宇宙的和谐与简单性的同时，还要关心人的劳动与产品分配等社会问题。他们必须承担起科学家的社会责任，保证科学不被滥用，而是为人类造福。今天，随着高新技术的不断涌现，人类生活条件得到了极大的改善。但同时，也带来了一系列伦理、生态、环境、资源等问题。在法律与制度尚不完善的情况下，科学伦理精神成为衡量与解决这些问题的重要标准与原则。

科学伦理精神要求科学家在追求科学真理的同时，始终保持对人类的关怀。他们必须关注科学技术的社会影响与长远后果，努力减少其对人类的不利影响；他们必须积极参与社会问题的讨论与解决，为人类的可持续发展贡献自己的智慧与力量。

科学精神是一个紧密相连、多维度的概念体系，其核心在于对真理的不懈追求。这一精神以理性为指引，通过实证的方法，激发怀疑的精神动力，倡导创新的实践方式，并在民主的土壤中生根发芽。在宽容与包容的氛围里，它鼓励人们独立思考、勇于求证、自由探索，并在平等的争论中磨砺求真务实的品格，塑造批判性思维，激发创新的动力，培养献身精神。

在科学研究的广阔天地中，科学精神潜移默化地塑造着每一个参与者。它不仅是一种内在的力量，驱动着科学家们不断前行，更如同一股强大的潮流，溢出科学共同体的边界，深刻影响着整个社会。求真精神让我们摆脱虚伪，理性思维帮助我们克制冲动，实证方法平衡了幻想与现实，创新精神则成为打破保守桎梏的利器。民主原则抑制了专制的倾向，怀疑精神促使我们从盲目从众中觉醒，宽容态度取代了刻薄与偏见，独立思考让我们摆脱了依赖，自由精神则是对压制与束缚的最有力的回击。

科学精神所蕴含的深远而持久的力量，既是时代进步对科学发展的必然要求，也是人性深处对更高思维境界和价值追求的渴望。它不仅推动了科学知识的积累与技术的革新，更在精神层面上引领着社会文化的进步，促进着人类文明的全面发展。在这个意义上，科学精神不仅是科学的灵魂，更是推动社会进步、实现人类自由全面发展的重要力量。

## 第二节 科学精神的培养

科学精神是推动人类文明进步的强大引擎，其培养与弘扬显得尤为重要。它不仅是科学家探索未知、攀登科学高峰的内在动力，更是每一个社会成员提升思维品质、塑造健全人格的关键。在当今这个信息爆炸、知识更新迅速的时代，如何培养科学精神，成了教育与社会发展的重大课题。科学精神的培养，意味着我们要学会用理性的眼光审视世界，用实证的方法验证真理，用怀疑的态度挑战权威，用创新的思维开拓未来。它要求我们在宽容与自由的氛围中，勇于独立思考，敢于大胆探索，不断捕捉知识的真谛与智慧的火花。通过对自身科学精神的培养，我们不仅能够更好地适应快速发展的科技时代，更能在复杂多变的社会环境中，保持清醒的头脑与坚定的信念，为实现个人价值与社会进步贡献自己的力量。

### 一、科学精神培养的影响因素

科学精神的培育与弘扬，对于促进科学进步、引领人类文明发展来说至关重要。那么，科学精神究竟能否通过后天培养而得以形成？其培养过程又受到哪些因素的影响呢？本节将从个人因素和社会因素两个维度进行深入探讨。

#### （一）个人因素

科学精神是科学家在科学探索的征途中，通过不懈努力与持续磨砺，逐渐形成的高尚情操、卓越品质、顽强意志及良好行为特征的集合体。这些精神特质不仅是科学家个人素质的集中体现，更是其非智力因素或天赋的外在展现。人皆有其天赋，有的人或许天生就具备坚韧不拔、持之以恒的毅力，以及强烈的好奇心和稳定的兴趣爱好。然而，天赋虽为个体成功提供了一定的基础，却并非决定性因素。现实中，众多科学家之所以能在科学领域取得辉煌成就，并非仅仅因为他们天资聪颖，更在于他们具备了卓越的非智力因素。

以爱因斯坦为例，这位被誉为"世纪伟人"的科学家，其成就并非完全依赖于天赋。相反，他那种对知识的渴望、对真理的追求、对科学的热爱，以及面对困难时的坚韧不拔，都是后天不断磨炼与自我提升的结果。同样，居里夫人在历经无数次失败后，终于成功提炼出天然放射性元素镭，这一壮举的背后，是她那超乎常人的意志力与顽强毅力的支撑。意志力作为与困难作斗争的能力，实则是一种品质，一种在科学研究中尤为重要的品质。科学家所展现出的科学精神，在某种程度上正是他们非凡品质的体现。

既然科学精神与科学家的品质密切相关，那么，这些品质又是如何形成的呢？答案在于后天的教育与培养。一个人若能在成长过程中接受系统的意志训练、毅力培养，他便可学会如何设定目标、调整行动、克服困难，从而在实现目标的过程中展现出顽强的毅力。这样的个体，若投身科学研究，便更有可能体现出科学精神。相反，那些仅通过读书掌握了一定知识，却未经意志训练的人，往往缺乏远大的目标、坚定的意志和顽强的毅力，面对困难和挫折时容易退缩，难以在科学研究中展现出科学精神。

因此，良好的非智力因素，如坚定的意志、稳定的兴趣、强烈的求知欲等，是个体具备科学精神的重要条件。而这些非智力因素并非与生俱来，而是需要通过教育、培养、发展和强化来逐步形成的。这要求我们在教育过程中，不仅要注重知识的传授，更要关注学生的品质培养，通过多样化的教育活动和实践锻炼，帮助学生塑造良好的非智力因素，为科学精神的培育奠定坚实的基础。

此外，道德素质也是科学精神培养不可或缺的一部分。科学精神不仅体现在对知识的追求和对真理的探索上，更体现在科学家的道德品质和职业操守上。公有性、无私利性、宽容合作的团队精神、造福人类的社会责任感等，都是科学精神的重要内涵。至于科学家能否将这些价值规范内化为自己的行动准则，则既依赖于个人的自律，也离不开道德的教化与引导。人的道德意识和道德观念同样不是先天形成的，而是需要通过后天的教育和实践来逐步培养和提升的。因此，道德素质的整合与提升，也是科学精神培养的重要内容。

### （二）社会因素

社会对科学的认识和理解，是影响科学精神培养的重要因素之一。科学不仅具有实用的工具价值，更承载着理性的价值追求。然而，在现实中，人们往往过于关注科学的实用价值，而忽视了其理性价值。当科学被简单地视为"救亡图存"的工具或促进社会发展的"生产力"时，科学精神的丰富内涵和深远意义便容易被实用主义价值观所遮蔽。这种片面的认识和理解，不仅限制了科学精神的培育和发展，也阻碍了科学事业的全面进步。

造成这一后果的原因，除了人们对科学价值的片面理解外，还与民族传统文化的影响密切相关。在一些文化传统中，强烈的民族自尊心可能导致对外来文化的排斥和抵制。科学是一种外来的文化形态，在传入过程中往往会遭遇本土文化的抵触以致难以融合。如果民族传统文化对科学持有一种开放、包容的态度，那么科学精神就有可能在本土文化中生根发芽、茁壮成长；反之，如果民族传统文化对科学持有一种排斥、抵制的态度，那么科学精神的培育和发展就会面临诸多困难和挑战。

除了社会对科学的认识和理解外，国家的科学发展政策及科学评价体系也是影响科学精神培养的重要因素。一个国家的科学发展政策是否符合科学发展规律，是否有利于科学精神的萌生与发展，直接关系到科学事业的兴衰成败。如果国家的科学发展政策能够遵循科学发展的内在规律，为科学家提供充足的科研资源和自由的研究空间，那么科学精神就有可能在这样的环境中得到充分的培育和发展；反之，如果国家的科学发展政策违背科学发展规律，过于强调短期利益或政绩，那么科学精神就难以形成甚至可能被扼杀。

科学评价体系也是影响科学精神培养的重要因素之一。一个科学、公正、合理的评价体系能够激励科学家不断探索未知、追求真理，从而推动科学精神的培育和发展；而一个不公正、不合理的评价体系则可能导致科学家追求短期利益、忽视长远价值，从而阻碍科学精神的培育和发展。

社会是否能够为民众提供一个宽松自由的、能够畅所欲言的、自由发挥和探索的生活环境，也是影响科学精神培养的重要因素。古希腊之所以成为科学精神的发源地，与其民主制度有着密切的关系。在民主制度下，人们享有充分的言论自由和探索空间，可以自由地思考、交流、争论和创新，这种环境为科学精神的培育提供了肥沃的土壤。因此，要培育科学精神，就需要构建一个宽松自由、鼓励创新的社会环境，让每一个人都能在这样的环境中自由地探索未知、追求真理。

## 二、教育是科学精神培养的基本途径

科学精神是科学家在科学探索与实践活动中所展现出的高尚情操、卓越品质、坚定意志及良好行为特征的集合，以及科学制度化的价值观与规范的统一体，是科学事业不断向前发展的灵魂与动力。它具体体现为崇尚真理、实事求是、锲而不舍、执着探索的求知精神，敢于挑战、敢于创新的勇气与魄力，坚守志业、忘我献身的奉献精神，以及普遍主义、公有性、无私利性的道德准则，有组织的怀疑主义思维方法，民主自由、宽容合作的团队精神，高度的社会责任感等。这些精神特质与科学家的非智力因素和道德观念紧密相连，共同构成了科学精神的丰富内涵。

### （一）非智力因素培养

在非智力因素的培养上，教育发挥着不可替代的作用。科学始于好奇，好奇心作为科学产生的心理基础，被誉为"科学家的美德"。法国作家法朗士曾深刻指出，好奇心是成就科学家和诗人的关键。历史上，无数科学发现与技术创新都源于科学家对自然现象强烈的好奇心。牛顿因对苹果落地的好奇而发现了万有引力定律；瓦特因对壶水滚沸顶起壶盖的好奇而改良了蒸汽机，推动了第一次工业革命。古希腊科学的繁荣，同样与其人民对世界的无限好奇密切相关。好奇心驱动着人们不断探索未知，揭开世界的奥秘。

然而，好奇心并非一成不变，其强弱程度存在显著差异。永无止境的好奇心，作为一种难能可贵的品质，需要后天的培养与激发。在现实生活中，孩子的好奇心往往表现为对事物表面和感官现象的好奇反应，这种好奇是瞬间的、无意识的，且容易通过现有知识和简单行动得到满足的。尽管如此，我们仍应高度重视并有意识地保护孩子的好奇心，借此激发他们对世界各种现象的兴趣，引导他们进行深入探索与理性思考。在探索与思考的过程中，孩子的意志与毅力将得到磨炼，逐渐形成坚韧不拔、执着追求的优良品质。这些品质正是科学精神的雏形。

教育在培养孩子非智力因素方面发挥着至关重要的作用。科学教育不应仅仅局限于知识的传授，更应注重孩子好奇心的激发、兴趣的培养以及意志与毅力的磨炼。通过设计富有挑战性的学习任务、开展探究性学习活动、提供丰富的实践机会等方式，教育可以引导孩子主动探索、积极思考，从而在探索与实践中逐渐形成科学精神所必需的非智力因素。

### （二）道德观念转变

促使人们道德观念的转变，同样是教育的一项重要职能。在科学共同体的框架下,科学精神体现为一种制度化的价值观和规范,它引导科学家在科研活动中遵循特定的行为准则和价值取向。然而,这种外在的约束力(他律)能否转化为科学家的自律,与其道德素养密切相关。特别是在现代科学条件下,科学共同体的共同价值规范面临着诸多挑战。

科学研究并非在真空环境中进行,它与社会各个领域紧密相连。一方面,科学共同体的价值观可能渗透到社会其他领域;另一方面,社会其他领域的价值观也可能对科学领域产生干扰。当社会其他领域的价值观与科学共同体的价值观发生冲突时,科学精神作为科学制度化的价值观和规范可能会受到冲击。部分科学家在科学价值观和规范意识淡薄的情况下,可能会放弃原有的道德操守,甚至为了个人利益而违背科学精神。特别是在市场经济条件下,部分科学家可能因经不起金钱、地位的诱惑而违背"公有性"和"无私利性"的原则,甚至弄虚作假、欺上瞒下。

因此,良好的科学道德素养是培养科学精神的必要条件。而一个人科学道德素养的提高,基础在于教育。科学教育是基础教育的基本内容,也是现代文明的基础。它不仅可以开发人的思维能力,培养人的科学素养,还可以使人掌握理性的分析方法。然而,当前的科学教育仍存在诸多问题,如应试倾向严重、过分重视智育而忽视其他素质的培养等。这些问题严重制约了科学精神的培养与弘扬。

为了改革和完善科学教育,我们应从以下几个方面入手:

1. 转变教育观念,实现科学知识教育与科学精神教育的统一

科学知识与科学精神是密不可分的。科学知识是科学精神的基础,而科学精神则是科学知识的灵魂。然而,在科学教育实践中,我们不能以知识的传授代替精神的培育。科学教育的目标不仅在于使人获得知识,更在于开启智慧、提振精神。因此,我们应将科学精神的培养与教育作为科学教育的主要任务之一。

为了实现这一目标,我们需要转变教育观念,淡化应试教育观念的影响,全面实施素质教育。素质教育注重学生的全面发展,强调知识、能力与情感的协调发展。在科学教育中,我们应注重培养学生的怀疑精神、求实态度与创新意识,鼓励他们敢于挑战权威、勇于探索未知。同时,我们还应关注学生的情感发展,培养他们的科学素养与人文情怀,使他们成为具有科学精神与人文关

怀的全面发展的人才。

2.改革教学模式，体现教为主导、学为主体的教学原则

传统的教学模式往往采用"满堂灌"和"填鸭式"的教学方法，这种教学方法严重束缚了学生的积极性、主动性与创造性。在这种教学模式下，学生的好奇心被压抑，学习兴趣被磨灭，科学精神的培养便也无从谈起。因此，我们必须改革教学模式，树立教为主导、学为主体的现代教育理念。

在教学活动中，教师应成为学生学习的引导者与合作者，而不是知识的传授者与灌输者。教师应根据学生的实际需要与兴趣特点，设计富有挑战性的学习任务与探究活动，激发学生的学习兴趣与探索欲望。同时，教师还应关注学生的个体差异与个性发展，提倡因材施教的教学原则，鼓励学生敢于与众不同、敢于标新立异。通过营造一个民主平等的学习氛围，教师可以引导学生敢于怀疑、敢于探索、敢于创新，从而培养他们的科学精神。

3.改进科学教育方法，加强实践环节与情感体验

科学教育的方法与内容密切相关。为了培养学生的科学精神，我们必须改进科学教育方法，加强实践环节与情感体验。首先，我们应将学生置于真实的社会实践情境中，让他们用科学去探索实际问题。科学发展的历史证明，热爱科学的品质是在科学实践中培养的。同样，科学精神的培养也必须建立在科学实践的基础上。通过引导学生关注社会问题、参与社会实践，我们可以培养他们发现问题、解决问题的能力以及对科学的功能、价值、地位的认识。

其次，我们还应加强学生非智力因素的培养。非智力因素如情感、意志、兴趣、性格等对于科学精神的培养十分重要。在教学过程中，教师应有意识地利用教材内容并结合学生实际，创造多种形式加强对学生非智力因素的培养和训练。例如，通过启发式教学方法启迪学生思维、调动思考积极性；通过创设情境让学生发扬不计名利、忠于真理的献身精神；通过团队合作活动培养学生的协作精神与团队意识等。

另外，在科学素质教育中加强学生思想道德品质的教育也尤为重要。科学精神所追求的真、善、美与德育中的知、情、意是完美统一的。通过学风建设和思想道德教育，我们可以对学生进行科学道德、科学态度和科学精神的教育，从而丰富他们的思想情感、磨炼他们的个人意志、培养他们严谨的学习态度和帮助他们树立良好的道德意识。

### （三）教育终极目标

教育的终极目标应当是促进人的全面发展，包括知识、能力、个性与情感的协调发展。而科学精神的培养，正是实现这一终极目标的重要途径之一。科学精神所蕴含的求知精神、创新精神、奉献精神以及道德准则等，都是人的全面发展所必需的精神品质。

在科学精神的引领下，人们可以更加深入地探索未知世界，不断拓宽知识的边界；可以更加勇敢地挑战传统观念与权威，不断推动社会的进步与发展；可以更加坚定地追求真理与正义，不断为人类的福祉而努力奋斗。同时，科学精神还可以培养人们的批判性思维与独立思考能力，使他们能够更加理性地看待世界与人生，更加坚定地追求自己的梦想与信仰。

因此，我们必须高度重视科学精神的培养工作，将其贯穿于教育的全过程与各个方面。通过加强科学教育、改革教学模式、改进教育方法以及加强思想道德品质教育等措施，我们可以有效地培养学生的科学精神，为他们的全面发展奠定坚实基础。同时，我们还应积极营造有利于科学精神培养的社会环境与文化氛围，鼓励人们勇于探索、敢于创新、坚守道德底线，共同推动科学事业的繁荣与发展。

教育不仅是人类文明的标志与指南，更是人类文明的主要传递渠道。在教育发展的进程中，缺乏科学精神的教育必定会导致教育的危机，甚至可能引发社会建设的危机。因为这样的教育所培养出的社会成员可能缺乏追求真理与创新的精神、缺乏关心人类与造福人类的宽广胸怀以及完善的人格与升华的精神境界。因此，我们必须高度重视科学精神的培养工作，将其作为教育的重要任务之一来抓紧抓好。只有这样，我们才能培养出具有科学精神、具备全面发展素质的人才队伍，为社会的进步与发展贡献力量。

## 第三节　科学精神与人文环境

人文环境是培养科学精神的土壤，不仅塑造着科学研究的价值取向，也深刻影响着科学精神的传承与发扬。它如同空气与水，虽无形却无处不在，滋养着科学的枝繁叶茂。人文环境主要分为社会环境与文化环境两大维度。社会环境是科学活动的外部框架,包括政策导向、教育体系、科研机制等,它们为科学研究提供必要的支持与保障,同时也对科学工作者的行为规范与伦理道德提出要求。一个开放包容、鼓励创新的社会环境,能够激发科学家的创造力,促进科学成果的涌现。

而文化环境则是科学精神的内在灵魂,它蕴含着民族的历史传统、价值观念、思维方式等深层次因素。文化环境不仅影响着人们对科学的认知与态度,更在潜移默化中塑造着科学研究的方法论与价值取向。在崇尚理性、尊重知识的文化氛围中,科学精神得以茁壮成长,成为推动社会进步的重要力量。

## 一、科学精神与社会环境

科学精神不仅是推动科技进步、文明跃升的不竭源泉,更是社会进步与发展的重要基石。它并非孤立地存在于真空,而是深深植根于复杂多变的社会环境之中,与社会环境的各个层面相互交织、相互影响。

### (一)社会环境是科学精神的摇篮

1. 政治制度的护航与制约

政治制度作为社会环境的顶层架构,对科学精神的形成与发展具有决定性影响。在一个开放、民主、鼓励创新的政治制度下,科学家能够享有充分的学术自由,敢于质疑、勇于探索,从而催生出源源不断的科学发现和技术创新。例如,文艺复兴时期的欧洲,得益于相对宽松的政治氛围,科学家得以摆脱宗教神学的束缚,自由探索自然奥秘,为现代科学体系的建立奠定了坚实基础。反之,专制或封闭的政治环境则可能抑制科学精神的发展,导致科学研究陷入僵化与停滞,如中国古代封建社会的某些时期,因思想禁锢和闭关锁国政策,科学发展受到严重阻碍。

2. 经济体系的支撑与驱动

经济是科学发展的物质基础,经济体系的繁荣稳定为科学研究提供了必要的经费支持、实验设施和市场应用空间。资本主义市场经济的兴起,特别是工业革命以来,经济的快速发展极大地促进了科学技术的进步。企业为了提升竞争力,不断加大研发投入,推动技术创新和产业升级,同时也为科学家提供了广阔的舞台和丰富的资源。此外,经济方面的激励机制,如申请专利制度、科研成果转化奖励等,也极大地激发了科学家的创新热情和创造力。

3. 文化传统的熏陶与影响

文化传统是科学精神的重要源泉，它深刻影响着人们对科学的认知、态度和价值观。在崇尚理性、尊重知识的文化传统中，科学精神得以自然生长，人们鼓励探索未知、追求真理，如古希腊的哲学传统和中国的儒家文化中的"格物致知"思想。然而，迷信、保守的文化氛围则可能阻碍科学精神的传播与实践，如中世纪欧洲的宗教神学对科学思想的压制。因此，文化传统的开放性与包容性对于科学精神的培养至关重要。

4. 教育体系的培育与传承

教育体系是科学精神传承与发扬的主渠道。通过系统的科学教育，可以培养学生的科学素养、批判性思维和创新能力，为科学精神的培育奠定坚实基础。一个完善的教育体系应注重科学知识的普及与科学精神的培育并重，既要传授科学知识，又要引导学生学会独立思考、勇于质疑、敢于创新。同时，教育体系的改革也应紧跟时代发展的步伐，不断更新教学内容和方法，以适应科学快速发展的需求。

## （二）科学精神是社会环境的塑造者

1. 促进社会进步与文明跃升

科学精神所蕴含的求真务实态度，是推动社会摆脱迷信与偏见、走向理性与文明的重要力量。科学发现与技术创新不断推动社会生产力的提升，改善人们的生活质量，促进社会的全面发展。从蒸汽机到互联网，从基因工程到人工智能，每一次科学革命都深刻地改变了人类社会的面貌，推动了文明的进步。

2. 塑造社会价值观与行为准则

科学精神所倡导的理性思维与批判性精神，对人们的价值观与行为方式产生深远影响。在科学精神的引领下，人们更加注重事实依据与逻辑推理，形成更加开放、包容、理性的社会风气。这种风气有助于打破陈规陋习，促进社会的公平正义与和谐发展。同时，科学精神也强调诚信与责任，对于构建诚信社会、维护社会秩序具有重要意义。

3. 推动制度创新与社会变革

科学精神所蕴含的创新精神与变革意识，是激发社会制度创新与变革的重要动力。在科学精神的推动下，社会制度不断适应时代发展的需求，为科学研究提供更加完善的制度保障与激励机制。例如，现代科研机构的建立、科研经费分配机制的改革、科技成果转化政策的出台等，都是科学精神推动社会制度完善的具体表现。这些制度创新为科学研究提供了更加宽松、高效的环境，进一步促进了科学精神的发扬光大。

### （三）科学精神与社会环境的良性互动

1. 构建开放包容的社会环境

政府应积极推动政治体制改革，营造开放包容的社会氛围，为科学研究提供必要的自由空间与制度保障。这包括完善法律法规，保护科学家的合法权益；加强科研诚信体系建设，营造公平竞争的科研环境；推动国际合作与交流，拓宽科学家的国际视野。同时，政府还应加大对科学研究的投入与支持，提高科研经费占比，为科学研究创造良好的物质条件。

2. 深化教育改革，培育科学素养

教育体系应注重科学知识的普及与科学精神的培育并重，通过课程改革、教学方法创新等手段，提高学生的科学素养与批判性思维能力。例如，将科学教育融入基础教育阶段，开设丰富多彩的科学课程；采用探究式、项目式等教学方式，激发学生的学习兴趣和创新能力；加强科学史和科学哲学教育，培养学生的科学精神和人文素养。同时，应加强对教师的科学精神培训，提升教师的科学素养与教学能力，确保科学教育的质量和效果。

3. 加强科学普及与传播

通过科普教育、科学展览、科学讲座等多种形式，加强科学知识的普及与传播，提高公众对科学的认知与理解。这有助于打破科学与公众之间的隔阂，让科学走进千家万户，成为人们生活的一部分。同时，应加强对科学精神的宣传与弘扬，引导公众形成正确的科学观与价值观，培养公众的科学素养和批判性思维能力。媒体作为信息传播的重要渠道，应承担起科学普及的责任，发布准确、客观的科学信息，抵制伪科学和迷信思想的传播。

4. 促进科学与社会的深度融合

科学家应走出实验室，积极参与社会事务，关注科学发展在社会上所造成的影响，为社会发展提供科学建议与技术支持。这有助于增强科学家的社会责任感和使命感，同时也能够提升公众对科学的信任和支持程度。社会各界也应加强对科学的关注与支持，参与到科学活动中来，形成科学与社会共同发展的良好局面。例如，企业可以与科研机构合作开展技术研发和创新项目；民间组织可以举办科普活动、科学竞赛等；公众可以积极参与科学志愿服务、科学教育等。

5. 建立科学的激励机制与评价体系

社会应建立一套以科学发现优先权为核心的激励制度，保障科学共同体的正常运行。这包括完善科研成果评价制度、科技成果转化机制、科研人员薪酬制度等，确保科研人员的劳动成果得到应有的认可和奖励。同时，应建立科学的评价体系，对科学研究进行客观、公正的评价与奖励，避免片面追求论文数量、影响因子等量化指标，转而更加注重科研成果的质量、创新性和社会价值。这将有助于激发科学家的创新热情与创造力，推动科学研究的持续发展和科学精神的不断弘扬。

6. 强化科学伦理与道德建设

在科学精神的培育过程中，应加强对科学伦理与道德建设的重视。通过制定科学伦理规范、加强科学道德教育等手段，引导科学家树立正确的科研伦理观与道德标准，确保科学研究的健康发展与科学精神的纯洁性。这包括尊重科研对象的权益、保护科研数据的真实性和完整性、遵守科研诚信原则等。同时，应加强对科研不端行为的监督和惩罚力度，维护科研领域的公平正义和良好秩序。

## 二、科学精神与文化环境

### （一）科学与社会文化的关系

科学是在特定历史阶段的文化背景下诞生并发展的，它深深植根于那种文化的土壤之中。科学精神作为科学文化核心层面的价值与规范的综合体现，其源头在于人类的科学实践活动。而这些实践活动并非孤立存在，它们受到社会政治、经济以及文化等多重因素的共同影响。

科学文化是社会文化的一个重要组成部分，既与社会文化整体紧密相连，又在其内部孕育着独特的品质。一方面，它是社会文化系统的有机组成；另一方面，它又从社会文化的广袤天地中汲取养分，逐渐成长。然而，当科学文化从社会文化的母体中分化出来后，它便展现出了一种相对的独立性。这种独立性主要体现在科学所独有的精神风貌、活动模式以及推动其发展的内在动力上。

从科学文化与社会文化的相互包容以及科学文化自身的独立性来看，科学精神的培育与确立无疑会受到社会文化的深刻影响，尤其是传统文化价值观的影响。传统文化价值观对科学精神的作用主要体现在两个方面：一方面，当传统文化价值观与科学精神的价值取向相契合时，它会促进或加强科学精神的形成与巩固；另一方面，当传统文化价值观与科学精神的价值取向相悖时，它则会成为科学精神确立的障碍，甚至阻碍其发展的进程。

尽管古代中国在科技发明上有着举世瞩目的成就，某些发明甚至对世界文明的发展产生了深远影响，但中国古代的科技创造主要局限于实用器物的层面。在构建关于世界本质与规律的知识体系方面，中国相较于西方，显得相对薄弱。因此，真正意义上的近代科学，其诞生与繁荣更多地与西方的文化传统紧密相连。

### （二）发展先进文化，弘扬科学精神

文化作为科学精神的摇篮与经济社会发展的先导，其深远影响贯穿于科学精神的诞生、成长与传播之中。历史的长卷清晰揭示，文化的每一次跃进都伴随着科学精神的蓬勃兴起。文化的繁荣不仅映照出时代的科学光芒，更为科学精神的培育提供了肥沃土壤。因此，要弘扬与培育科学精神，必须首先构筑起先进文化的坚固基石。

1. 先进文化是科学精神的沃土

先进文化是相对于那些阻碍社会进步、消磨人民意志的颓废文化而言的，它代表着时代的方向，是面向世界、面向未来、面向现代化的民族科学大众文化。在这样的文化土壤中，科学精神得以生根发芽、茁壮成长。弘扬科学精神，首要任务便是正确理解和积极倡导先进文化，以其为引领，为科学精神的传播与深化提供不竭的动力。

2. 价值导向是科学精神的灯塔

在弘扬科学精神与发展先进文化的征途中，坚持正确的价值导向至关重要。以科学发展观为统领，不仅能够确保我们在继承与发扬优秀传统文化的同时，牢牢把握思想精髓，保持正确方向，还能为先进文化的建设提供持久的精神动力。同时，应秉持"百花齐放、百家争鸣"的方针，既弘扬主旋律，又鼓励多样化，营造勇于探索、敢于创新的文化氛围，让不同学术观点与艺术流派在交流中碰撞出智慧的火花，共同推动社会文化的繁荣发展。

3. 观念转变促进科学精神的解放

要真正弘扬科学精神，还需从根本上转变观念，构建起有利于科学精神传播的文化环境。这包括从重视物质成果向弘扬科学精神的转变，从对科学的盲目崇拜到将其视为可质疑、可讨论、可掌握、可创新的对象的转变，以及从知

识分子自命清高到对公众负责、科普工作成为每个知识分子特别是科技工作者责任的转变。这些观念的转变，将为科学精神的普及与深化扫清障碍，开辟新的道路。

4. 科学传播促进科学精神的普及

科学精神的弘扬离不开有效的传播。必须坚持不懈地在全民中普及科学知识，倡导科学方法，努力营造全社会崇尚科学、信赖科学、依靠科学的良好氛围。科普工作应覆盖全生命周期，从娃娃抓起，但绝不仅限于青少年，而是应贯穿人的一生。通过学校、媒体、博物馆、图书馆等多种渠道，以及企业、社区的文化活动，广泛传播科学知识，推广科学方法，让科学精神渗透到社会的每一个角落。特别要注重提升各级管理人员的科学文化素养，使其成为科学传播的积极推动者。

5. 传统与现代

在弘扬科学精神的过程中，正确处理优秀传统文化的继承与发展关系至关重要。既要批判性地继承中华民族的优秀传统文化，又要在传承中创新，与时俱进，吸收外来文化的精华，同时坚决抵制全盘西化和民族虚无主义。要对传统文化进行深入反思，将科学精神融入其中，摆脱人伦文化的束缚，摒弃实用主义的偏见，全面改造传统文化，特别是要清除"官本位"等不利于科学研究的价值取向，为科技工作者创造一个有利于科研的环境，让他们能够心无旁骛地探索未知。

6. 科学与人文

科学精神与人文精神是现代文明的两大支柱，二者相辅相成，不可偏废。在构建新型科学文化时，应确立科学精神的核心地位，但这种科学精神并非西方科学精神的简单移植，而是要在吸收借鉴的基础上，弘扬符合现代科学发展趋势、与人文精神深度融合的现代科学精神。只有科学精神与人文精神并重，才能达到真正的现代性，避免科学主义或意识形态主义的极端倾向。

7. 创新能力

创新是民族进步的灵魂，是国家发展的不竭动力。弘扬科学精神，必须构建起社会文化的创新能力。历史证明，勇于创新、善于创新的国家和民族总能在社会变革中抓住机遇，迅速崛起。因此，要进一步解放思想，鼓励大胆思考、独立思考、怀疑思考、批判思考，形成全民思考的风气。创新文化作为先进文化的重要组成部分,其核心在于激励科技创新,体现科学精神。当前,我们提倡素质教育,重视创造能力和实践能力的培养,正是基于这一认识的。创新是科学精神的核心,是推动科学不断前行的根本动力。

## 第四节 数字经济背景下科学精神的培育策略

在数字经济的时代背景下,科学精神的培育不仅关乎个人素质的提升,更是推动社会进步、促进经济高质量发展的关键要素。随着大数据、云计算、人工智能等技术的迅猛发展,数字经济已成为全球经济增长的新引擎,而科学精神作为创新驱动的核心动力,其重要性愈发凸显。本节将从教育体系的革新、实践平台的搭建、文化氛围的营造、跨学科融合的推动、评价与激励机制的完善以及顺应数字化智能化趋势等六个方面,深入探讨数字经济背景下科学精神的培育策略,旨在为构建适应未来社会需求的科学教育体系提供思路和参考。

### 一、教育体系革新,强化基础教育

#### (一)课程内容的优化

在数字经济蓬勃发展的时代背景下,教育体系的革新显得尤为重要。为了适应这一变革,我们必须将科学精神的培养提升至基础教育的核心地位,确保其不局限于传统的科学课程,而能够全面渗透到语文、数学、历史等各个学科之中,从而构建起一个跨学科的、全方位的科学教育体系。在数学课堂上,我们可以通过设计解决实际问题的题目,让学生在运用数学知识的过程中,掌握逻辑推理和数学建模的方法,培养他们的严谨思维和问题解决能力。而语文课堂,则可以成为培养学生好奇心和探索欲的沃土,通过阅读科学史故事、科学家传记等,激发学生对科学的热爱和对未知世界的探索欲望。在历史课程中,我们更应注重分析科技革命对社会结构、经济发展乃至人类文明造成的深远影响,让学生在历史的长河中感受科技的力量,从而增强他们的历史责任感和时代使命感,激励他们为科技进步贡献自己的力量。

#### (二)教学方法的创新

为了更有效地培养学生的科学精神,我们必须摒弃传统填鸭式的教学模式,转而采用项目式学习、探究式学习等现代教学方法。这些方法鼓励学生主动探索、合作交流，通过亲身参与解决实际问题来学习和应用科学知识，从而在实践中培养他们的批判性思维、创新能力和团队协作精神。同时，我们应充分利用数字化教学资源，如虚拟实验室、在线课程平台等，打破地域和资源的限制，让学生能够接触到更广泛、更深入的科学知识，拓宽他们的视野，激发他们的创新潜能。通过这些创新的教学方法，我们不仅能够提升学生的科学素养，还能够在他们心中种下科学精神的种子，为未来的科技发展奠定坚实的人才基础。

## 二、实践平台搭建，强化实践与创新

### （一）实践项目的多样化

为了让学生将所学的理论知识真正转化为实践成果，我们必须建立起多样化的实践平台。科技创新实验室可以为学生提供先进的科研设备和专业的指导，让他们在这里自由探索、勇于创新，将脑海中的奇思妙想转化为现实的技术产品。创业孵化器则是连接学生与市场的桥梁，通过提供资金支持、创业培训、市场对接等一站式服务，帮助学生将科技成果转化为商业项目，实现创业梦想。此外，我们还应积极推动校企合作，让学生走进企业，了解行业前沿发展状况，参与实际项目，从而在实践中深化对科学知识的理解，掌握科学方法，体验科学探索的艰辛与乐趣。特别是在数字经济蓬勃发展的当下，我们应鼓励学生投身于大数据分析、人工智能应用、物联网技术等前沿领域的项目，让他们在科技的浪潮中锻炼自己，成为未来的科技领军人才。

### （二）竞赛与展览的激励作用

定期举办科技创新竞赛和科学成果展览，是激发学生创造力、提升自信心的重要途径之一。这些活动不仅能够为学生提供一个展示自我、交流经验的舞台，还能通过激烈的竞争和公开的展示，激发他们的创新意识和竞争意识。当学生在竞赛中获奖，或是在展览上得到专家和公众的认可时，他们所获得的成就感和自信心将成为他们继续探索科学的强大动力。同时，这些活动也是科学精神传承和发扬的重要途径，通过分享科研经验、交流创新思路，学生们能够在相互学习中不断成长，共同推动科学精神的传播和科技创新的进步。因此，我们应高度重视竞赛与展览的激励机制，为它们提供充足的资源和支持，让它们在培养学生科学精神的过程中发挥更大的作用。

## 三、文化氛围营造，弘扬科学精神

### （一）科普活动的普及化

在数字经济时代背景下，科学文化的普及与深化对于培养学生的科学精神来说至关重要。为了实现这一目标，我们必须充分利用校园内的各种传播渠道，构建起一个全方位、多维度的科普教育体系。校园广播可以定期播放科学新闻，让学生及时了解科技发展的最新动态；校刊则可以开设科普专栏，发表深入浅出的科普文章，引导学生深入思考科学问题。同时，我们还应积极利用社交媒体这一新兴平台，通过图文、视频等多种形式，发布科普内容，扩大科学文化的传播范围。

此外，举办丰富多彩的科普讲座和科学节活动，也是营造科学文化氛围的重要手段。我们可以邀请科技领域的专家学者，围绕数字经济的前沿技术如区块链、5G通信等，为学生带来生动有趣的讲座，激发他们的好奇心和探索欲。而主题科学节则可以通过展览、实验、竞赛等多种形式，让学生亲身体验科学的魅力，培养他们的动手能力和创新思维。通过这些活动，我们不仅能够提升学生的科学素养，还能够在校园内营造出一种崇尚科学、追求真理的良好氛围。

### （二）科学家精神的传承

科学家是科学精神的化身，他们的科研经历和人生感悟对于激励学生追求科学梦想具有不可替代的作用。因此，我们应积极邀请知名科学家、行业专家走进校园，与学生面对面交流。通过分享自己的科研经历，科学家可以向学生展示科学探索的艰辛与乐趣，传递坚持不懈、勇于创新的科学精神。同时，他们的人生感悟也能够为学生提供宝贵的人生指导，帮助他们树立正确的价值观和职业观。

为了让学生更加深入地了解科学家，我们还可以建立科学家精神教育基地。这里可以通过实物展示、图片展览、虚拟现实等多种技术手段，再现科学家们的科研场景和生活片段，让学生近距离感受他们的精神风貌和科研成就。这种身临其境的体验，不仅能够增强学生的历史责任感和时代使命感，还能够激发他们的科学梦想，激励他们为科技进步贡献自己的力量。

## 四、跨学科融合，促进综合素养提升

### （一）跨学科课程的开发

在数字经济时代，知识的边界日益模糊，跨学科融合成为推动科技创新和社会进步的关键力量。因此，我们必须重视跨学科课程的开发与实施，以培养学生的跨学科思维和解决复杂问题的能力。我们可以尝试将数据科学与人文、艺术与科技等看似不相关的学科进行有机融合，创造出全新的课程形态。例如，在数据科学与人文融合课程中，学生可以学习如何利用大数据技术分析文学作品中的情感倾向，或者探索历史事件背后的数据规律；在艺术与科技融合课程中，则可以引导学生运用现代科技手段进行艺术创作，如数字绘画、虚拟现实装置艺术等。

这些跨学科课程不仅能够拓宽学生的知识视野，使他们具备更加全面的知识结构，还能够激发他们的创新思维和想象力。通过探索不同学科之间的内在联系，学生能够学会从多角度、多层次思考问题，培养自身更加灵活和开放的思维方式。这对于培养未来数字经济所需的复合型人才具有重要意义，他们能够更好地适应快速变化的市场需求，成为推动社会进步和创新发展的中坚力量。

### （二）跨学科研究项目的支持

除了跨学科课程的开发外，我们还应该鼓励和支持学生参与跨学科研究项目。这些项目可以围绕智能医疗、智慧城市等前沿领域展开，通过团队合作的形式，将不同学科的知识和技能进行有机融合，共同解决实际问题。例如，在智能医疗项目中，学生可能需要结合医学、计算机科学、数据科学等多个学科的知识，开发出能够辅助医生进行疾病诊断的智能系统；在智慧城市项目中，则需要整合城市规划、信息技术、环境科学等多方面的知识，构建出更加高效、便捷的城市管理系统。

参与跨学科研究项目不仅能够提升学生的综合素养和实践能力，还能够促进学科间的交叉融合和创新发展。在团队合作的过程中，学生需要学会与不同学科背景的人进行沟通和协作，这对于培养他们的团队协作精神和跨学科交流能力至关重要。同时，在解决实际问题的过程中，学生也能够更加深刻地理解所学知识的应用价值，从而激发他们的学习热情和探索欲望。因此，我们应该积极为学生提供跨学科研究项目的机会，支持他们在实践中不断成长。

## 五、完善评价与激励机制

### （一）科学精神的评价体系

在培育学生科学精神的过程中，一个科学、全面、多元的评价体系是不可或缺的。这个体系应当超越传统的以考试成绩为唯一标准的评价模式，转而关注学生的科学态度、创新思维、实践能力等多个维度。科学态度包括对科学的热爱、对未知的好奇、对真理的追求等；创新思维则体现在学生能否跳出传统框架，提出新颖的观点和解决方案；实践能力则是学生将所学知识应用于实践、解决问题的能力。

为了全面反映学生的科学精神发展状况，我们可以采用学生自评、同伴互评、教师评价等多种评价方式。学生自评可以让他们反思自己学习和成长的过程，增强自我意识；同伴互评则能够促进学生之间的相互学习和交流，形成积极向上的学习氛围；教师评价则可以从专业的角度对学生的科学精神进行客观、全面的评估。这三种评价方式相互补充，共同构成了一个立体、全面的评价体系，有助于我们更准确地了解学生的科学精神发展状况，为后续的教学和培养提供有力的依据。

### （二）激励机制的完善

为了激励学生积极培育科学精神，我们需要建立一套完善的激励机制。这包括设立奖学金、科研基金、创新奖项等，对在科学精神培育方面表现突出的学生给予物质和精神上的双重奖励。奖学金可以激励学生在学业上不断追求卓越；科研基金则可以为学生提供进行科研探索的资金支持，降低他们的经济负担；创新奖项则是对学生创新成果的一种肯定和鼓励，能够激发他们的创新热情和动力。

同时，我们还应该建立科研成果转化机制，鼓励学生将科研成果转化为实际应用。这不仅可以让学生享受到科技创新带来的成就感，还能够让他们的社会价值得到体现。通过与企业、社会组织的合作，我们可以为学生的科研成果提供转化和应用的平台，让他们在实践中不断锻炼和提升自己的科学精神和实践能力。这种激励机制的完善，不仅能够激发学生的科学潜能，还能够推动科技创新和社会进步，实现教育与社会的良性互动。

## 六、顺应数字化智能化趋势

### （一）人工智能辅助教育

在数字经济时代，人工智能技术的飞速发展为科学教育带来了前所未有的机遇。我们可以利用智能推荐系统，根据学生的兴趣、能力和学习进度，为他们提供定制化的学习资源和辅导，使学习变得更加高效和有针对性。同时，个性化学习路径规划能够帮助学生明确学习目标，规划合理的学习计划，确保他们在科学探索的道路上稳步前行。此外，通过人工智能模拟实验和虚拟现实技术，我们可以为学生创造一个沉浸式的学习环境。在这种环境中，学生可以身临其境地参与科学实验，感受科学的魅力，体验探索的乐趣。这种直观、生动的学习方式不仅能够激发学生的学习兴趣，还能够提高他们的动手能力和问题解决能力，为他们的科学精神培育奠定坚实基础。

### （二）数字化教育资源的共享与高效利用

数字化教育资源的共享是推动教育公平和优质教育资源普及的重要途径。我们可以构建数字化教育资源库，整合全球优质的科学教育资源，包括教学视频、实验案例、科研论文等，实现资源的共享和高效利用。通过在线教育平台，学生可以随时随地获取这些资源，不受地域和时间的限制，从而拓宽学习视野，提升科学素养。

### （三）教育模式创新

在数字经济时代，我们需要积极探索新型教育模式，以适应学生的学习需求和社会的发展变化。线上线下混合式教学结合了传统课堂教学的优势与在线学习的灵活性，能够为学生提供更加丰富多样的学习体验。翻转课堂则将学习的主动权交给学生，让他们在课前通过视频、阅读材料等自主学习，课堂上则进行深度讨论和实践操作，这种教学模式有助于培养学生的自主学习能力和批判性思维。同时，我们还应该结合数字经济的特点，构建以学生为中心、以问题为导向的教学体系。通过大数据分析学生的学习行为和成效，我们可以及时了解学生的学习状况，发现潜在问题，并据此调整教学策略，实现教育的个性化和精准化。这种以数据为驱动的教学方式不仅能够提高教学效果，还能够为学生的全面发展提供更加有力的支持。

# 第四章　数字经济背景下企业家精神与科学精神融合发展机理

## 第一节　企业家精神和科学精神融合的基础

在数字经济蓬勃发展的时代背景下，企业家精神与科学精神的深度融合，已然成为驱动社会创新与经济跃升的关键力量。而科学精神，则根植于对未知世界的无尽探索与对真理的不懈追求，它崇尚实证方法、理性思维，并将创新视为灵魂；企业家精神，是市场经济浪潮中急流勇进的弄潮儿，它蕴含冒险的勇气、创新的智慧，以及在激烈竞争中寻求合作与共赢的魄力。尽管这两者分别植根于商业与科研的不同土壤，但它们共同秉持着对创新的无限向往与对未知领域的勇敢探索，这一共通之处为两者的紧密融合奠定了坚实的基础。

在数字经济的浪潮中，企业家精神与科学精神的交融互促，不仅激发了前所未有的科技创新活力，也推动了商业模式的颠覆性变革。科学家们以严谨的科学态度和方法不断突破技术边界，为企业家提供了源源不断的创新技术和产品理念；而企业家们则凭借敏锐的市场洞察力和果敢的决策能力，将这些科技成果转化为实际的产品和服务，推向市场，实现经济价值和社会价值的双重飞跃。

### 一、企业家精神与科学精神内涵相通

精神活动是人类认知世界、反映客观事物复杂性的高级心理过程，涵盖了感觉、直觉、情感、思维、记忆、意识以及行为活动等多元维度，构成了个体心理活动的重要组成部分。企业家精神与科学精神，则是在人类社会实践的不同领域中，对特定群体精神活动的高度抽象与概括，它们不仅具有深厚的历史积淀，还蕴含着丰富的文化内涵。

法国经济学家理查德·坎蒂隆将企业家精神视为企业家所独有的特殊技能

集合，这些技能既包括精神层面的坚韧不拔、勇于创新，也涵盖技巧上的敏锐的市场洞察力和高效的资源配置能力。熊彼特则进一步强调，企业家精神的核心在于从事创新性的破坏，即通过颠覆性的创新活动，实现个人价值的最大化与社会经济的进步。

而在科学社会学领域，美国著名学者罗伯特·金·默顿曾深刻指出，科学精神是科学家群体所共有的一种情感色彩浓厚的价值观与规范体系，它不仅是科学研究活动的内在驱动力，更是新时代科学家追求科学精神与人文精神交叉融合的重要体现。这种融合，不仅促进了科学知识的深化与拓展，还推动了科学伦理与人文关怀的和谐共生。

从唯物史观的视角来看，无论是企业家精神还是科学精神，都是特定人群或组织机构在长期社会实践过程中形成的一种核心价值观，这种价值观不仅体现了对创新的不懈追求，还蕴含着积极进取的态度，以及敢于面对风险、挑战不确定性的勇气。我国学者对企业家精神与科学精神的阐述，更是从多个维度明确了这两种精神的具体内涵。企业家精神体现在爱国敬业、遵纪守法、艰苦奋斗，创新发展、专注品质、追求卓越，以及履行责任、敢于担当、服务社会等三个方面九个维度，而科学精神则被概括为爱国精神、创新精神、求实精神、奉献精神、协同精神、育人精神等六个方面。

创新作为企业家精神与科学精神的共同核心，已经成为两者显著的文化标签和核心内涵特征。德鲁克在继承熊彼特观点的基础上，进一步指出创新是企业家精神的核心要素，同时也是科学精神不可或缺的重要组成部分。正是这种对创新的共同追求，推动了企业家精神与科学精神的不断融合与相互促进，为科技进步与经济发展注入了强大的内在动力。

## 二、企业家群体与科学家群体加强合作

诺贝尔奖得主达尼埃尔·谢赫特曼曾提出一个颇具洞察力的观点：从某种视角审视，企业家与科学家在本质上存在共通之处，科学家在科研创新过程中的角色，某种程度上与企业家在商业领域的角色相呼应。科学家在进行科学研究时，不仅需要灵感与智慧的火花，更离不开资金的支持以保障实验的顺利进行，以及对研究成果的有效保护，以确保其能够转化为实际应用的产品。这一过程，无疑是企业家精神中的资源整合、风险承担以及市场开拓等行为的再现。同样，科学家在追求科学真理的过程中所展现出的探索精神、创新思维以及坚

持不懈的毅力，也是企业家精神在科研领域的生动体现。因此，可以说科学家需要企业家精神来推动科研成果的转化与应用，而企业家精神也在这一过程中得到了丰富与发展，进而促进了科学的整体进步。

在第二十届中国科协年会上，马云的发言进一步强调了企业家与科学家之间的紧密联系。他将企业家比作社会经济学中的科学家，而科学家则是研究领域内的企业家，这一比喻深刻揭示了两者在推动社会进步与经济发展中的互补关系。马云提出，未来一百年，企业家与科学家的完美结合，将成为推动中国、世界乃至全人类持续繁荣的关键力量。

现代美国大学的兴起与发展，为我们提供了一个观察企业家精神与科学精神融合共生的绝佳视角。大学作为知识创新与人才培养的摇篮，不仅为科学精神的传承与创新提供了丰富的人力资本基础，还通过企业家教育，激发了企业家精神的内涵挖掘与广泛传播。高等教育作为支撑经济高质量发展的关键要素，通过促进企业家精神与科学精神的深度融合，为科技创新与产业升级注入了强大动力。

在我国实施创新驱动发展战略的背景下，科技创新已成为提升社会生产力和综合国力的核心支撑，被置于国家发展全局的突出位置。面对这一历史机遇，时代呼唤广大企业家与科学家携手并进，共同发扬"千辛万苦、千言万语、千山万水、千方百计"的"四千"精神，组建创新联合体，合力攻克制约我国发展的"卡脖子"技术难题，推动共同富裕与经济可持续发展目标的实现。

在此背景下，进一步加强创新链与产业链的紧密对接，成为推动企业家精神与科学精神深度融合的重要途径。在这一过程中，两者被赋予了更多合作内涵与社会责任，其理论研究也从个体精神层面逐渐拓展至组织乃至社会层面，呈现出由低层次向高层次、由单一向多元的发展趋势。同时，两者的相互融合也受到了更多外部环境因素的影响与制约，如何在复杂多变的外部环境中保持企业家精神与科学精神的活力与张力，成为当前亟待讨论的重要课题。

### 三、数字经济催化企业家精神和科学精神的深度融合

数字经济是 21 世纪最为显著的经济形态变革，不仅深刻改变了人们的日常生活方式，更为科学发现与商业应用之间架起了一座前所未有的桥梁。在这个数据驱动的时代，大数据、云计算、人工智能等前沿技术的蓬勃发展，不仅极大地提升了信息处理的效率与精度，还加快了科研成果从实验室走向市场的步

伐，为创新创业提供了无限可能。同时，这些技术的广泛应用也为企业家们提供了更加丰富、多维的数据资源，使他们在决策过程中能够更加精准地把握市场动态，预见未来趋势，从而实现了企业家精神与科学精神的深度融合与共生。

**（一）大数据**

大数据作为数字经济的基石，其核心价值在于通过海量数据的收集、分析与应用，揭示出隐藏在数据背后的规律与趋势。在商业应用方面，大数据成为企业洞察市场、优化决策的关键工具。企业可以利用大数据分析消费者行为、预测市场趋势，甚至通过个性化推荐系统提升用户体验和销售效率。这种基于数据的决策方式，不仅提高了企业的市场竞争力，还促进了科研成果向实际产品的快速转化。比如，基于大数据分析的智能健康监测设备，就是将生物医学研究成果与市场需求紧密结合的产物，既满足了消费者对健康管理的需求，又推动了相关科研领域的进步。

而在科研领域，大数据技术的应用则使得科学家们能够处理和分析前所未有的数据量，从而发现新的科学规律，推动学科前沿的发展。例如，在生物医学研究中，通过对大量基因序列、临床病历等数据的分析，科学家们能够更快地识别出疾病的遗传基础，为精准医疗提供科学依据。

**（二）云计算**

云计算作为数字经济的另一重要支柱，通过提供按需分配的计算资源和服务，极大地降低了创新创业的技术门槛和成本。对于企业而言，云计算的弹性扩展能力意味着企业可以根据业务需求快速调整资源配置，灵活应对市场变化。特别是在新产品研发阶段，云计算提供的即时测试环境和高性能计算能力，显著缩短了产品开发周期，加速了科研成果向商业化产品的转化过程。例如，许多初创企业利用云平台快速构建原型，进行市场测试，收集反馈，迭代优化，最终将创新产品推向市场，实现了从概念到商品的快速迭代。

对于科研机构而言，云计算平台使得大规模的计算和存储任务变得易于实现，科研人员无须再为昂贵的硬件设备和复杂的维护工作分心，可以更加专注于科学研究本身。此外，云计算还支持多用户协作和远程访问，促进了全球范围内科研合作的深入发展。

### (三) 人工智能

人工智能作为数字经济的尖端技术,正在深刻改变着科研与商业的面貌。在商业应用中,人工智能展现了其强大的创新潜力。从智能客服到自动驾驶,从精准营销到供应链优化,AI技术正逐步渗透到各个行业,推动传统产业转型升级。更重要的是,AI的跨界融合能力促进了不同领域知识的交汇与碰撞,催生了新的商业模式和服务形态。例如,结合物联网技术的智能家居系统,就是将AI、云计算、物联网等多种技术融合应用的典范,不仅提升了居民的生活质量,也开辟了全新的市场空间。

在科研领域,AI技术更是能够处理复杂的数据集,开发人类难以察觉的未知领域,辅助科学家进行假设验证和实验设计,极大地提高了科研效率和准确性。同时,AI还能在药物研发、材料科学等领域发挥重要作用,通过模拟实验预测结果,减少实际试验的次数和成本。

数字经济的蓬勃发展,不仅为商业与科研提供了强大的技术支持,更重要的是,它促进了企业家精神与科学精神的深度融合。企业家精神注重实践创新、追求效益,而科学精神则强调探索未知、追求真理。在数字经济时代,这两者不再是孤立存在的,而是相互依存、相互促进的。

科学家们通过与企业合作,将科研成果转化为实际应用,不仅实现了科研成果的价值最大化,也为企业带来了技术创新和竞争优势。同时,企业家们对市场需求的敏锐洞察和对商业模式的不断创新,也为科学研究提供了新的方向和动力。这种深度的跨界合作,不仅加速了科技成果的商业化进程,还促进了科研与产业之间的良性循环,为经济社会的持续发展注入了强大活力。

## 第二节 企业家精神与科学精神融合的动力机制

探讨企业家精神与科学精神融合时,必须明确其背后的动力机制,这一机制如同双轮驱动,既包含内在的精神特质,又涉及外在的技术变革。内在动力主要源自创新精神和人文精神的交织融合。创新精神是企业家与科学家共同的灵魂,驱动着他们不断突破边界,探索未知;而人文精神,则为他们提供了价值导向和道德支撑,确保创新活动始终沿着造福人类、促进社会进步的方向发展。这两者的结合，构成了企业家精神与科学精神融合的内生动力，激发了企业家与科学家无限的创新潜能。

外在动力同样不容忽视。随着数字技术的迅猛发展与企业数字化转型的加速推进，企业家与科学家面临着一个前所未有的合作契机。数字技术不仅为企业家提供了更加高效、精准的管理工具和市场透析，也为科学家提供了强大的数据处理与分析能力，加速了科研成果向现实生产力的转化。企业数字化转型的浪潮，更是推动了跨领域、跨行业的深度合作，为企业家精神与科学精神的融合提供了广阔的舞台和深厚的土壤。在这一内外动力的共同作用下，企业家精神与科学精神的融合正以前所未有的速度和深度，引领着社会经济的全面发展。

## 一、内在动力

### （一）创新精神

在人类文明的长河中，创新始终是推动社会进步与发展的不竭动力。与动物被动适应环境不同，人类作为有主体性的生命体，通过有目的、有计划的劳动和创造活动，不断超越自身局限，实现更高层次的生存与发展。企业家，作为这一过程中的重要角色，其精神取向与创新能力紧密相连，共同构成了企业家精神的核心内涵。而创新精神则是企业家精神与科学精神交汇融合的灵魂所在。

1. 创新精神的内涵与本质

创新精神，简而言之，是指个体或群体在认识世界和改造世界的过程中，所展现出的勇于探索未知、敢于挑战传统、积极寻求新知的品质和能力。它是人类创造力的集中体现，也是推动社会进步和文明发展的重要力量。在企业家身上，这种创新精神尤为显著，它促使企业家不断寻求新的商业机会、优化资源配置、创新管理模式，以实现企业的持续发展和市场竞争力的提升。

要深入理解创新精神，我们首先需明确"精神"这一概念。精神作为人类意识的高级形态，不仅反映了个体或群体的价值观、信仰和追求，还蕴含着推动实践活动的内在动力。在企业家身上，这种精神体现为对成功的渴望、对未知的挑战以及对创新的持续追求。它驱使企业家不断超越自我，勇于探索未知领域，以创新的思维和行动应对市场变化，实现企业的持续发展。

2. 企业家精神中的创新精神

企业家精神作为企业家在创业和经营过程中所形成的独特品质和价值观，其核心在于创新。创新精神不仅体现在企业家对商业机会的敏锐洞察和果断决策上，还体现在他们对企业管理模式、产品技术、市场营销等方面的持续创新上。企业家通过不断创新，打破传统束缚，引领行业潮流，推动企业不断向前发展。

企业家的创新精神并非凭空产生，而是源于其内在的自我发展取向和对成功的强烈渴望。正如马克思在《1844年哲学经济学手稿》中所指出的那样，人类的意识不仅能够适应自然，还能够创造性地改造自然。企业家正是通过这种创造性的活动，实现了自我价值的体现和超越。他们不满足于现状，不断追求更高的目标和更广阔的发展空间。这种对成功的渴望和追求，成为企业家创新精神的重要源泉。

同时，企业家的创新精神还受到其知识积累和自由精神的影响。知识是创新的基础，企业家通过不断学习和积累知识，为创新提供了丰富的素材和灵感。而自由精神则是创新的灵魂，它使企业家不受传统观念和教条的束缚，敢于挑战权威，勇于探索未知领域。这种自由的精神状态，为企业家的创新活动提供了广阔的天空和无限的可能。

3. 创新精神与企业家自我超越

企业家的任何创新，在本质上都是对自我的超越。这种超越不仅体现在对外部环境的适应和改造上，更体现在对企业家自身能力、素质和价值观的全面提升上。通过创新，企业家不断突破自我局限，实现自我价值的最大化。

超越自我需要企业家具备深厚的知识底蕴和敏锐的洞察力。他们需要不断关注市场动态、了解消费者需求、掌握行业发展趋势，以便在激烈的市场竞争中找到创新的突破口。同时，企业家还需要具备敢于冒险、勇于担当的精神。创新往往伴随着风险和不确定性，企业家需要敢于承担这些风险，勇于面对挑战，才能在创新的道路上不断前行。

然而，仅仅具备知识和勇气是不够的。企业家还需要有真正的自由精神，才能在平凡中发现不平凡的创新点。自由精神使企业家不受任何教条的束缚，能够保持独立思考和判断的能力。他们不盲目跟风、不随波逐流，而是根据自己的判断和信仰去行动。这种自由的精神状态，为企业家的创新活动提供了源源不断的动力和灵感。

## （二）人文精神

在探讨企业家精神与科学精神的融合时，我们不可忽视人文精神作为其核心价值导向的重要作用。人文精神是对真、善、美生命价值的永恒追求，不仅为企业家与科学家提供了超越物质财富的精神支柱,更为其境界的提升铺设了坚实的基石。下面从科学意识、道德意识、审美意识三个维度,剖析人文精神如何助力企业家实现自我超越与企业创新。

1. 企业家科学意识的觉醒与提升

人类社会的发展史,本质上是一部知识积累与技术进步的历史。在自然经济时代,简单的生产工具与经验积累足以支撑社会运转,知识等同于个体的经验积累。然而,随着时代的演进,特别是进入工业社会与信息时代,知识的内涵与外延发生了根本性变化。现代知识,尤其是科学知识,成为推动社会进步与经济发展的核心动力。企业家作为经济活动的主体,其科学意识的觉醒与提升,对于企业的持续创新与发展来说至关重要。

科学意识不仅是对科学知识的认知与掌握,更是一种对科学方法的认同与运用。它要求企业家具备批判性思维,勇于质疑既有观念,不断探索未知领域。比尔·盖茨等成功企业家,正是凭借深厚的科学素养与创新精神,引领了科技与产业的变革。对于当代中国企业家而言,面对日益复杂的市场环境与激烈的竞争态势,仅凭经验与冒险精神已难以应对。提升科学意识,掌握现代科技知识,成为企业家提升核心竞争力、实现可持续发展的必由之路。

科学意识的提升,不仅能够帮助企业家更好地预测市场趋势,把握前沿技术,还能够激发其创新思维,拓宽创新视野。在科学的方法论指导下,企业家能够更有效地整合资源,优化决策过程,从而在企业经营中实现更大的价值创造。

2. 企业家道德意识的塑造与升华

道德作为社会规范与个体行为的准则,是人文精神的重要组成部分。它不仅是外在的约束,更是内在的自觉。企业家作为社会的一员,其道德意识的高低直接影响着企业的社会形象与长远发展。

在传统道德观中,无论是东方的儒家伦理还是西方的宗教精神,都强调理性对欲望的克制。然而,市场经济的发展,特别是功利主义的盛行,使得部分企业家的道德观出现偏差,过分追求物质利益而忽视了社会责任与道德底线。这种短视行为,不仅损害了企业的长远利益,也破坏了社会的整体福祉。

人文主义学说,如卢梭的"人我一体"与亚当·斯密的"同情心",为我们提供了另一种道德观的可能。它们认为,道德源自人的内在本性,是人与人之间情感共鸣与相互理解的结果。对于企业家而言,培养人文意识,不仅能够提升其道德境界，还能够增强其社会责任感与使命感。

企业家道德意识的塑造，需要从"他律"走向"自律"，即从外在的规范约束转化为内在的自觉行动。这要求企业家具备更高的自我认知与自我反省能力，能够在复杂多变的市场环境中坚守道德底线，不为短期利益所动。霍英东等成功企业家，正是凭借其深厚的道德底蕴与人文关怀，赢得了社会的广泛尊重与赞誉。

3. 企业家审美意识的培育与超越

审美意识作为人文精神的高级表现形式，是人在认识世界与改造世界中，对自我力量与创造能力的肯定与欣赏。它不仅关乎个体的情感体验与精神享受，更关乎企业的创新与可持续发展。

在功利主义盛行的时代，部分企业家的审美意识被物质利益所遮蔽，陷入了低级庸俗的欲望追求之中。然而，真正的审美意识，是超越物质层面的精神追求，是对美的事物的直觉感受与创造性体验。它要求企业家具备敏锐的洞察力与丰富的想象力，能够在平凡中发现不平凡，在琐碎中挖掘出美好。

企业家审美意识的培育，需要其跳出"主客二分"的思维模式，实现物我两忘的境界，即将自我融入自然、社会与人类之中，以更加开放与包容的心态去感知世界、理解世界。在审美活动中，企业家能够体验到创造的乐趣与自由的愉悦，从而激发其创新思维与创造力。

审美意识的提升，对于企业家而言，不仅意味着个人精神生活的丰富与升华，更意味着企业创新能力的增强与竞争力的提升。因为，真正的创新往往源自对美的追求与创造。许多中外大企业家，如乔布斯等，正是凭借其独特的审美视角与创造力，引领了产品与服务的革新，成就了伟大的企业。

人文精神作为企业家精神与科学精神的价值导向与境界提升的关键要素，对于企业家的自我发展与企业创新具有重要意义。通过科学意识的觉醒与提升、道德意识的塑造与升华，以及审美意识的培育与超越，企业家能够不断突破自我局限，实现更高层次的精神追求。这不仅是个体成长的必经之路，也是企业持续创新与可持续发展的不竭动力源泉。

## 二、外在动力

### （一）数字技术的发展

数字技术作为当今时代变革的核心驱动力，其发展趋势呈现出显著的革命性、成熟性和广泛影响力。这些技术不仅超越了传统技术的边界，更不断地重塑我们的社会结构、经济形态和生活方式。以下是对数字技术发展几大核心趋势的深入剖析与未来展望。

1. 超自动化

超自动化不仅涵盖了传统自动化的所有领域，如测算、管理、设计、计算、监测等，还进一步整合了多种自动化工具和软件，形成了一个高度集成、协同工作的自动化系统。这一趋势的关键在于了解每个自动化步骤、它们之间的相互关系以及协同工作的机制。超自动化的起点是自动化流程，但其核心在于通过集成多样化的工具和技术，实现原本需要人类参与的任务的自动化复制。这意味着，超自动化不仅关注单一任务的自动化，更追求整个业务流程的智能化和自动化，从而实现从任务级自动化到系统级智能化的跨越。

随着人工智能、机器学习等技术的不断发展，超自动化将进一步深化，实现更加复杂、更加智能的自动化流程。例如，通过深度学习算法优化生产流程，通过自然语言处理技术构建智能客服系统等。这些应用将极大地提高生产效率，降低人力成本，为企业带来更大的竞争优势。

2. 多重体验

用户体验在数字时代正经历着前所未有的变革。会话平台、虚拟现实（VR）、增强现实（AR）以及混合现实（MR）等技术正在彻底改变我们与数字世界的交互方式和感知方式。会话平台使得人与机器的交互更加自然、流畅，而 VR、AR 和 MR 则为我们提供了沉浸式的数字世界体验。

多重体验的核心在于实现多种感官的交互式体验，让用户能够以一种更加直观、更加真实的方式与数字世界进行互动。这种交互方式的变革不仅将极大地提升用户体验，还将推动一系列新的应用场景和商业模式的诞生。例如，在教育领域，通过 VR 技术可以打造虚拟实验室，让学生在虚拟环境中进行实验操作，既安全又高效；在娱乐领域，AR 游戏和 MR 体验将为用户带来前所未有的沉浸感和互动性。随着技术的不断进步和应用场景的不断拓展，多重体验将成为数字时代的重要特征之一，引领着人与数字世界交互的新潮流。

3. 边缘计算

边缘计算作为一种新兴的计算拓扑结构，正在逐渐改变着数据处理和交付的方式。与传统的云计算模式相比，边缘计算将数据处理和存储任务推向了网络的边缘，即信息来源、存储库及使用者附近，从而大大降低了时延，提高了数据处理的实时性和效率。

边缘计算的应用范围广泛，尤其在制造业、零售业等行业具有直接的应用价值。在这些行业中，数据的实时性和准确性至关重要。边缘计算可以实现数据的即时处理和分析，为企业的决策提供有力支持。此外，随着物联网技术的不断发展，边缘计算将成为连接物理世界和数字世界的重要桥梁，为智能家居、智慧城市等应用场景提供强大的技术支持。

随着计算资源的日益丰富和数据存储量的不断增加，边缘计算将成为更多行业发展的关键要素。无人机、智能驾驶系统、机器人等设备将进一步推动边缘计算的发展和应用，实现更加高效、智能的数据处理和交付方式。

4. 分布式云

分布式云是对传统集中式云计算模式的一次革命性变革。它将现有的公有云服务进行重新组合和分配，实现了云服务的分布式部署和管理。这种新的云计算模式不仅提高了云服务的灵活性和可扩展性，还降低了企业的运营成本和管理复杂度。

在分布式云模式下，云服务提供商将不再局限于单一的数据中心或地理位置，而是可以根据需求将云服务部署到全球各地的节点上。这使得企业可以更加灵活地选择云服务提供商和部署方式，根据自己的业务需求和数据安全要求来定制云服务方案。同时，分布式云还实现了云服务的按需扩展和缩减，可以根据企业的业务需求动态调整云资源的分配和使用，从而大大提高了云服务的效率和利用率。

随着云计算技术的不断发展和应用场景的不断拓展，分布式云将成为云计算领域的发展重点之一。它将推动云计算架构和模式的深刻变革，为企业提供更加高效、灵活、安全的云服务解决方案。

5. 自动化物件

自动化物件是指那些能够自主执行任务的物理设备，如自动化设备、无人机、机器人以及多元化设备等。这些设备通过集成人工智能和机器学习技术，实现了更高程度的自动化和智能化操作。它们不仅可以自主完成任务，还能根据环境变化做出相应的高级反应，从而大大提高了工作效率和准确性。

自动化物件的应用范围广泛，从制造业的生产线到物流行业的配送系统，

·第四章 数字经济背景下企业家精神与科学精神融合发展机理·

从医疗领域的手术机器人到农业领域的智能农机,都可以看到它们的身影。随着技术的不断进步和应用场景的不断拓展,自动化物件将逐渐渗透到我们生活的方方面面,成为我们日常生活中不可或缺的一部分。

自动化物件将呈现出更加智能化、协同化的发展趋势。通过物联网技术,多个自动化物件可以实现协同工作,共同完成任务。例如,在快递行业中,自动驾驶汽车可以与无人机协同配合,实现包裹的高效配送。这种协同化的工作模式将大大提高工作效率和准确性,为我们的生活带来更多便利。

6. 实用型区块链

区块链技术作为一种去中心化的分布式账本技术,正在逐渐改变着价值交换和信任机制的方式。实用型区块链是区块链技术在实际应用中的具体体现,它通过促进不同业务之间的价值交换,降低交易成本,缩短交易时间,实现现金流形式的转换,从而为行业发展带来巨大的价值。

实用型区块链的核心在于其去中心化和不可篡改的特性。通过区块链技术,可以实现资产来源的明确追溯,降低产品的不合格率;通过资产追踪技术,可以定位整个链条中的污染情况和零部件轨迹;通过智能合约技术,可以实现身份管理和触发活动等功能。这些特性使得区块链技术在供应链管理、金融、医疗等领域有着广泛的应用前景。

然而,区块链技术的应用也面临着一些挑战和问题。例如,操作问题、技术成熟度问题以及监管问题等。尽管如此,区块链技术在增加经济收入和推动行业变革方面的潜力仍然巨大。对于企业机构来说,必须对区块链技术进行系统的评估和探索,以便在未来的竞争中占据有利地位。

7. 人工智能安全

随着人工智能技术的不断发展和应用场景的不断拓展,人工智能安全成为一个日益重要的问题。在未来的各种场景中,人工智能将广泛应用到决策过程中,对人类的生活和工作产生深远影响。然而,由于智能化、云服务以及物联网等技术的相互关联和互联,系统被攻击的可能性也在不断增加。人工智能安全问题因此凸显。

人工智能安全的核心在于保护人工智能系统免受恶意攻击和侵害。这包括保护人工智能系统的数据安全性、模型安全性及决策安全性等方面。为了实现这一目标,需要建立完善的安全监测和防御机制,提升安全团队的技术能力和应对能力。同时，还需要加强人工智能安全的研究和投入，推动相关技术和标准的制定和完善。

随着人工智能技术的不断进步和应用场景的不断拓展，人工智能安全将成为数字安全领域的重要研究方向之一。通过加强人工智能安全的研究和实践，我们可以更好地应对智能化时代带来的挑战和机遇。

数字技术的发展正以前所未有的速度推动着社会的变革和进步。从超自动化到多重体验，从边缘计算到分布式云，从自动化物件到实用型区块链，再到人工智能安全，这些技术趋势不仅正在重塑我们的生活方式和工作方式，还在为经济发展和社会进步提供强大的动力。未来，随着数字技术的不断发展和应用场景的不断拓展，我们将迎来一个更加智能化、数字化、高效化的新时代。

## （二）企业数字化转型的趋势

在当前政府的大力推动和引导下，中国企业的数字化转型呈现出蓬勃发展的态势。各行各业的企业，无论大小、无论公私，都在积极投身于数字化转型的浪潮中，努力探索适合自己的转型路径。在这一过程中，几个显著且具有共性的趋势逐渐显现。

1. 理性转型

随着企业数字化转型实践的不断深入，关于转型成败的讨论也日益激烈。越来越多的企业开始认识到，数字化转型并非一蹴而就的过程，也不是盲目跟风、赶时髦的行为。相反，它需要从企业自身的业务特点出发，深入分析需求和痛点，寻找与企业成熟度及发展战略相匹配的转型方案。

这种理性转型体现在企业不再盲目追求技术的先进性或新颖性，而是更加注重技术的实用性和适用性。它们会根据自身的业务需求和发展目标，选择适合的技术和工具进行转型。同时，企业还会注重转型的节奏和规划，避免一次性投入过大或转型过程过于激进而带来风险。

2. 技术与业务深度融合

企业数字化转型的核心在于技术与业务的深度融合。这种融合不仅体现在技术对传统业务流程的优化和改造上，还体现在业务对技术的需求和推动上。在转型过程中，技术和业务相互依存、相互促进，共同推动企业的变革和发展。

一方面，技术通过自动化、智能化等手段优化业务流程，提高工作效率和质量；另一方面，业务的发展又不断对技术提出新的需求和挑战，推动着技术的不断创新和进步。这种技术与业务的深度融合和良性循环，是企业数字化转型的重要特征之一，也是转型成功的关键因素之一。

3. 产业链上下游一体化融合

有效的企业数字化转型不仅能够提升企业自身的效率和能力，还能够对产业链上下游产生积极的影响。随着企业数字化转型的深入推进，产业链上下游的企业也逐渐意识到数字化转型的重要性，并开始进行相应的转型和升级。

这种转型和升级不仅体现在单个企业内部，还体现在整个产业链的一体化融合上。通过数字化转型，企业可以与上下游企业实现更加紧密的合作和协同，共同构建新型的价值网络。这种价值网络不再局限于传统的线性价值链，而呈现出多节点、立体化的特征。其中的竞合与依存关系也变得更加复杂和多样，为企业带来了新的发展机遇和挑战。

4. 数字化人才地位提升

在当今企业数字化转型的浪潮中，数字化人才的战略地位显著提升，企业对这类人才的需求正经历着前所未有的爆发式增长。为实现转型目标，多数企业倾向于通过"内部资源优化与外部精英引进"的双重策略，构建具备跨领域能力的数字化转型团队。随着转型成效的逐步显现，数字化岗位不仅获得了更高的职业声望，其吸引力亦随之增强。同时，转型业务边界的不断拓宽，进一步加剧了企业对复合型数字化人才的渴求。

经济模式的数字化转型要求业务响应更为迅速，这促使应用开发向模块化、分布式及持续迭代的方向演进，云原生技术如容器化、无服务器计算等逐渐成为主流。值得注意的是，唯有将敏捷开发与DevOps方法融入应用开发实践，方能有效推动企业数字创新能力的飞跃。这一系列变革无疑对数字化人才提出了更为迫切且持续的需求，成为企业数字化转型成功不可或缺的关键因素。

## 第三节　企业家精神与科学精神融合的制约因素

企业家精神与科学精神的深度融合，并非一帆风顺的过程，反而会受到多重因素的制约与影响。从企业家及高管立场来看，他们可能出于种种考量，表现出对科学精神融合的不愿意、不能或不敢。这种态度上的犹豫或抵触，可能源于对新技术、新理念的陌生感，或是对传统经营模式的固守。社会文化环境对企业家精神与科学精神的融合产生了重要的影响。如果社会环境中存在对创新、对科学精神不够尊重或支持的声音，那么企业家在推动融合时可能会遭遇更多的阻力和不友好因素。这些因素可能包括政策环境的不完善、市场机制的不健全，以及公众对新技术、新理念的接受程度有限等。因此，要促进企业家精神与科学精神的深度融合，还需从多方面入手，打破制约，营造更加有利的融合环境。

## 一、影响企业家精神的文化因素

### （一）西方文化与美国企业家精神

随着全球经济一体化的加速推进，市场经济体制在全球范围内得以深化和完善，中国作为这一进程中的积极参与者，正见证着一批批具有现代市场经济意识、勇于创新的企业家群体的崛起。企业家作为市场经济的核心主体，其精神特质与价值取向对于推动经济发展、引领社会进步具有不可替代的作用。企业家精神作为企业家在激烈的市场竞争中形成的独特价值观念、行为准则和管理文化的综合体现，涵盖了冒险精神、竞争意识、效益观念等多个维度，是企业家在市场经济条件下必备的精神素质，也是其发挥主观能动性、创造经济价值的重要基石。

企业家精神的产生并非偶然，它是生产力发展到一定阶段的必然产物，同时也是社会政治经济体制与深层文化环境相互作用的结果。西方企业家精神的率先兴起，不仅与工业革命带来的生产力飞跃密切相关，更与西方社会对传统文化的深刻反思与突破紧密相连。下文将从文艺复兴运动、宗教改革运动、启蒙运动三大历史文化事件出发，深入剖析西方企业家精神的起源与发展，并以美国企业家精神为例，探讨其个性特征。

1. 历史文化运动与西方企业家精神

（1）文艺复兴运动

文艺复兴运动是15世纪兴起于意大利的一场文化革命，以复兴古典文化为旗帜，对中世纪以来的宗教神学观念进行了深刻批判，倡导以人为本的价值观，强调人的尊严、价值与自由。这场运动不仅推动了文学、艺术、科学等领域的繁荣，更重要的是，它确立了人的主体性地位，促进了"人的发现"与"人的解放"。文艺复兴运动所倡导的人文主义精神，为后来的企业家精神提供了重要的思想基础。它鼓励人们追求个人幸福，重视现世生活，强调理性与科学，这些都为企业家追求经济效益、勇于创新提供了精神动力。

（2）宗教改革运动

16世纪的宗教改革运动是欧洲历史上的一次重大转折。它以反对罗马教廷的腐败与专制为起点，推动了宗教信仰的世俗化，恢复了人的世俗权利，为人本主义思潮的兴起开辟了道路。新教伦理的兴起，特别是其强调的责任感、天职观、合理的功利主义以及乐观主义精神，为企业家精神的萌发提供了重要的文化土壤。新教伦理鼓励人们勤勉工作，追求经济成功，认为这是上帝赋予的职责，这种观念与企业家精神中的勤奋、竞争和效益观念不谋而合。

（3）启蒙运动

18世纪的欧洲启蒙运动是一场以理性主义为核心的思想解放运动。它倡导天赋人权，强调个体自由与平等，反对封建专制与宗教迷信，为现代民主社会的建立奠定了思想基础。启蒙运动所倡导的个人主义、自由竞争等观念，为企业家精神的进一步发展提供了理论支撑。它鼓励人们追求个人幸福，尊重个体权利，强调每个人都有权利自由选择自己的生活道路，这些观念与企业家精神中的个人主义、冒险精神和竞争意识高度契合。

2. 美国企业家精神的个性特征

美国是西方企业家精神发展的典范，其企业家精神的形成与发展，既受到了上述历史文化运动的影响，又具有其独特的文化背景和社会环境。以下将重点探讨美国企业家精神的三个核心特征：个人主义、高度重视开拓创新、重视机会平等与自由竞争。

（1）个人主义

个人主义是美国文化的核心价值之一，深深植根于美国企业家精神之中。它强调个体的独立性、自主性和创造性，鼓励人们追求个人的成功和幸福。在美国企业家看来，个人是经济活动的主体，是创造财富和价值的关键。他们坚信自己有能力通过努力和智慧改变命运，实现个人价值。这种个人主义精神，不仅激发了企业家的创新精神和冒险精神，也促进了美国经济的繁荣与发展。

美国企业家精神中的个人主义，并非孤立无援的个人主义，而是一种基于平等与合作的个人主义。它强调个体在追求个人利益的同时，也要尊重他人的权利和自由，遵守社会规则和道德规范。这种个人主义精神，既保证了企业家的个人创造力和创新精神得以充分发挥，又确保了社会整体的和谐与稳定。

（2）高度重视开拓创新

开拓创新是美国企业家精神的核心要素之一。在美国企业家看来，创新是企业生存与发展的关键，是推动经济进步和社会发展的动力源泉。他们敢于挑战传统，勇于尝试新事物，不断探索未知领域，以寻求新的商业增长点和机会。

美国企业家之所以高度重视开拓创新，与其所处的社会环境和文化背景密切相关。美国是一个移民国家，其历史充满了开拓与冒险。早期移民为了寻求更好的生活，不畏艰难险阻，跨越大洋来到美洲大陆，开始了新的生活。这种开拓精神在美国历史上得以延续和传承，成为美国企业家精神的重要组成部分。同时，美国社会鼓励创新、容忍失败的文化氛围，也为企业家提供了广阔的舞台和无限的可能。

（3）重视机会平等与自由竞争

机会平等与自由竞争，是美国企业家精神的又一重要特征。在美国社会，每个人都有追求成功的机会，无论其出身、背景如何。这种机会平等的观念，为企业家提供了公平的竞争环境，激发了他们的创业热情和竞争意识。

美国政府为了维护市场竞争的公平性，制定了一系列法律法规，如《反托拉斯法》等，旨在打击垄断行为，保护中小企业的合法权益。这些法律法规的出台和实施，为美国企业家提供了良好的法治环境，确保了市场竞争的公平与有序。同时，美国政府还积极倡导自由竞争的市场经济理念，鼓励企业之间展开良性竞争，推动技术进步和产业升级。

自由竞争作为美国企业家精神的重要组成部分，不仅促进了企业之间的优胜劣汰，也推动了整个社会的进步与发展。在自由竞争的市场环境中，企业家必须不断创新、提高效率、降低成本，以在激烈的市场竞争中立于不败之地。这种竞争压力促使企业家不断追求卓越、追求完美，从而推动了美国经济的持续繁荣与发展。

**（二）日本文化与日本企业家精神**

日本是东亚太平洋上的岛国，其独特的地理位置和自然环境孕育了别具一格的文化体系。在漫长的历史进程中，日本文化深受中国传统文化的影响，直至19世纪中叶西方列强的坚船利炮打破了其闭关锁国的状态。自此，日本开始了一场深刻的文化转型与经济飞跃，这一过程不仅展现了其民族强大的适应能力和学习能力，更孕育了独具特色的日本企业家精神。下文旨在深入探讨日本文化与日本企业家精神之间的内在联系，揭示其背后的历史根源与文化逻辑。

1. 日本文化的历史变迁与"合金文化"的形成

自公元 645 年的"大化革新"起，日本便全面学习并模仿唐朝的制度与文化，这一时期的日本文化几乎可以说是中国文化的翻版。然而，随着时光的流转，到了 19 世纪中叶，当西欧资本主义新文明以侵略和殖民的方式向全球扩张时，日本面临了前所未有的挑战。面对强势的列强，日本并未选择沉沦，而是以一种前所未有的开放姿态，积极吸收西方文明，进行了著名的"明治维新"。这一变革不仅使日本迅速实现了从封建社会向近代社会的转型，更使其在经济、科技、文化等多个领域取得了显著成就。

日本文化的这种开放性与包容性，源于其独特的地理环境和历史发展。作为一个资源匮乏、国土狭小的岛国，日本人民深知只有不断向外学习、吸收新知，才能在恶劣的环境中求得生存和发展。因此，日本民众形成了一种独特的"合金文化"心态，即既保持本民族的文化特色，又积极吸收外来文化的精华，实现了文化的融合与创新。

2. 日本企业家精神的内涵与特征

在日本文化的熏陶下，日本企业家精神逐渐形成了自己独特的内涵与特征。这种精神不仅体现了日本民族的传统美德，如勤奋、节俭、忠诚等，更融入了现代商业社会的竞争与合作理念，成为推动日本经济持续发展的重要动力。

（1）进取精神

日本企业家的进取精神是其最为显著的特征之一。这种精神源于日本企业家对知识的渴望和面对挑战的勇气。在明治维新之后，日本企业家便以开放的心态积极学习西方的科学技术和管理经验，不断推动本国的工业化进程。他们不畏失败，勇于尝试，即使面对挫折也能迅速调整策略，重新出发。

例如，在汽车工业的发展上，日本起初远远落后于欧美国家。然而，日本企业家并未因此气馁，而是选择了奋起直追。他们通过技术革新和精细化管理，不断提高汽车的品质和性能，最终在国际市场上赢得了声誉。这种败而不馁、勤学善用的进取精神，不仅使日本汽车业实现了从无到有、从弱到强的飞跃，更为日本经济的整体发展注入了强大的动力。

（2）集团意识

除了进取精神外，日本企业家还具有强烈的集团意识。这种意识源于日本文化中的集体主义和忠诚观念。在日本社会，个体与集体之间的关系被看作是不可分割的，个人的荣辱与集体的兴衰紧密相连。因此，日本企业家在经营过程中，总是将企业的利益放在首位，强调团队合作和共同奋斗。

这种集团意识在日本企业的管理模式中得到了充分体现。例如，日本企业普遍实行终身雇佣制、年功序列制和企业工会等制度，这些制度不仅增强了员工对企业的归属感和忠诚度，也促进了企业内部的和谐与稳定。在这种氛围下，日本企业家能够团结一致、共克时艰，共同应对市场变化和挑战。

3. 日本文化与企业家精神的相互作用

日本文化与企业家精神之间存在着密切的相互作用关系。一方面，日本文化为企业家精神的形成提供了深厚的土壤和养料；另一方面，企业家精神又不断推动日本文化的创新与发展。

日本文化中的开放性与包容性为企业家精神提供了广阔的舞台。在日本社会，人们尊重知识、崇尚学习，这种文化氛围使得日本企业家能够保持对新技术、新理念的敏锐洞察力，不断追求创新和进步。同时，日本文化中的集体主义精神也为企业家提供了强大的团队支持，使他们能够在激烈的市场竞争中立于不败之地。

企业家精神不断推动日本文化的创新与发展。在日本经济高速发展的过程中，企业家不仅创造了巨大的经济价值，也孕育了丰富的文化内涵。他们通过实践探索和创新，不断丰富和发展了日本文化的内涵和外延，使日本文化更加具有时代性和前瞻性。

## 二、企业家精神与科学精神融合发挥作用的制约因素

企业家精神是现代经济社会发展的核心驱动力之一，与土地、资本、劳动力并列为社会财富创造的四大要素，其重要性不言而喻。然而，在实际经济运行中，企业家精神的充分发挥却受到多重因素的制约，这些因素不仅影响了企业家精神的培育与传播，还阻碍了其与科学精神的深度融合，进而制约了经济的持续健康发展。下面从法治环境公正程度、市场经济规则公平性、舆论环境导向作用以及政商关系互动效应四个方面，深入剖析这些制约因素，并探讨其对企业家精神与科学精神融合的影响。

## （一）法治环境公正程度

法治环境是企业运营的基石，其公正程度直接关乎企业家精神的培育与保护。在法治不健全或执法不公的环境下，企业家往往被迫将精力从创新创业等生产性活动转向非生产性活动，如寻求政府庇护、攀附权力等，这不仅浪费了社会资源，还破坏了市场公平竞争的环境。更为严重的是，一些企业家在法治缺失的土壤上，可能会选择采取财务数据造假、骗用国家优惠政策等违法手段，以谋取短期利益，这不仅损害了企业自身的长远发展，也破坏了整个社会的法治基础。

因此，构建公正公开的法治环境，对于激发企业家精神至关重要。一个健全的法治体系能够为企业提供稳定的预期，使企业家在面临经营困难时，能够首先想到通过法律途径解决问题，而非诉诸非法手段。同时，公正执法也是维护市场秩序、保障企业家合法权益的关键。对于政府工作人员的不作为、吃拿卡要等行为，应建立有效的举报机制，鼓励企业家勇于维权，同时加强企业自身法治建设，实现依法治企和依法维权。

## （二）市场经济规则公平性

市场经济规则是调节市场行为、维护市场秩序的基本准则。其公平性直接决定了企业家精神能否得到充分发挥。在一个公平的市场环境中，企业家通过创新、竞争和合作来追求利润最大化，市场机制能够实现资源的合理配置和优胜劣汰。然而，当市场规则被扭曲，如存在地方保护主义、潜规则、暗箱操作等不公平现象时，市场机制将失效，企业家精神的发展也会受到严重抑制。

为了促进企业家精神发挥正面作用，必须建立和完善市场公平竞争的监督制度。具体措施包括简化行政审批流程、降低市场准入门槛、加强反垄断和反不正当竞争执法力度等。同时，还应通过经济、法律和行政手段的综合运用，打击破坏市场公平竞争的行为，维护市场秩序的稳定和公正。只有这样，才能为企业家提供一个公平竞争的市场环境，激发其创新创业的热情和动力。

## （三）舆论环境导向作用

舆论环境作为社会意识形态的重要组成部分，对企业家精神的塑造和传播具有重要影响。正面的舆论环境能够弘扬企业家精神，提升企业家的社会地位和声誉；而负面的舆论环境则可能导致企业家形象的污名化，影响企业家精神的健康发展。

在当前社会，虽然大多数民营企业家都怀有爱国情怀、坚持诚信守法的原则，但仍有少数企业家因疏于自律或违法失信影响了整个企业家群体的形象。因此，舆论环境在监督失信违法企业人士的同时，也应积极宣传企业家遵纪守法、勇于承担社会责任的正面形象，发挥舆论的正面导向作用。

为了营造积极的舆论环境，媒体应加强对企业家精神的宣传和推广，展示企业家在创新创业、社会责任等方面的贡献和成就。同时，政府和社会各界也应给予企业家更多的理解和支持，尊重企业家的劳动成果和创新精神，为企业家精神的发挥创造良好的社会环境。

### （四）政商关系互动效应

政商关系是影响企业家精神发挥的重要因素之一。健康的政商关系能够为企业家提供必要的政治支持和政策保障，促进企业家精神积极作用的发挥；而扭曲的政商关系则可能导致企业家精神的沦丧和经济的衰退。

在传统的政商关系中，往往存在着权力寻租、利益输送等不正之风，这不仅破坏了市场公平竞争的环境，也增加了企业家的创业创新成本。因此，建立新型政商关系成为当务之急。新型政商关系应建立在"亲""清"的基础上，实现政府与企业的良性互动。政府应加强对企业的服务和支持，帮助企业解决发展中的困难和问题；而企业也应积极参与社会治理和公共服务，为经济社会发展贡献力量。

为了实现政商关系的良性互动，政府应加强对官员的教育和管理，防止腐败行为的发生；同时，企业也应加强自律和诚信建设，树立良好的企业形象和社会声誉。此外，还应建立健全政商沟通机制，为政府和企业提供高效的交流平台，促进信息的互通和资源的共享。

法治环境公正程度、市场经济规则公平性、舆论环境导向作用以及政商关系互动效应是制约企业家精神与科学精神融合发挥作用的关键因素。为了激发企业家精神与科学精神的深度融合，推动经济的持续健康发展，我们必须从这四个方面入手，构建有利于企业家精神发挥积极作用的制度环境、市场环境、舆论环境和政治环境。只有这样，我们才能充分发挥企业家精神和科学精神在经济社会发展中的重要作用，实现经济的持续繁荣和社会的全面进步。

## 第四节 企业家精神与科学精神融合发展模式

中国理论界对于企业家精神与科学精神的融合发展议题展现出浓厚的兴趣，特别是在两者的内涵界定、特征解析以及融合所带来的深远价值意义上进行了深入探讨。创新精神作为企业家精神与科学精神共有的核心特质，成为衡量两者特征相似性的重要标尺，凸显了两者在推动社会进步与科技创新方面的共通之处。构建一套系统化的融合模型与提供具有针对性的理论指导，对于推动企业家精神与科学精神的深度融合显得尤为重要。

在此背景下，罗伯特·金·默顿作为科学社会学的奠基人及结构功能主义流派的杰出代表，其提出的科学共同体概念为我们理解科学界的社会关系结构提供了重要视角。而恩格斯托姆则进一步发展了"文化—历史"活动理论，将其转化为一种具有实践指导意义的方法论框架，不仅在科技领域的研究中得到了广泛应用，也在企业管理实践中展现出了强大的解释力。恩格斯托姆强调，共享目标是合作行为的基石，缺乏共享目标，合作将难以维系，更遑论精神的深度融合。

在中国独特的文化历史语境下，企业家与科学家这两大社会群体，尽管在角色定位与职业路径上存在差异，但他们都以持续创新作为推动社会进步与实现个人价值的共同追求。这种共享的创新目标为企业家精神与科学精神的融合提供了天然的基础，符合文化历史发展的内在逻辑与规律。因此，深入挖掘两者之间的共通性，探索其在创新实践中的融合路径，不仅有助于促进科技与经济的深度融合，也是推动社会文化发展的重要途径。

### 一、企业家精神与科学精神融合分析框架与模型

#### （一）融合分析框架

辩证唯物主义作为哲学基石，深刻揭示了人类活动、意识反映及历史进程的内在逻辑，为"文化—历史"活动理论提供了坚实的理论基础。该理论源自德国古典哲学的深邃思考，由维果茨基正式提出，并在列昂节夫、鲁利亚及恩格斯托姆等学者的接力发展下，逐渐成长为社会科学研究领域中一颗璀璨的明

珠。它以"活动系统"为核心分析单元，着眼于事物间错综复杂的相互联系，强调系统内部要素间矛盾运动对于推动活动系统发展的关键作用，将矛盾视为驱动历史车轮滚滚向前的根本动力。

活动理论的研究者们凭借着对人性主体性与文化复杂性的深刻洞察，将一切活动形态视为由内外部矛盾交织驱动的动态演进过程。随着理论研究的不断深入，依据分析单元的变化，"文化—历史"活动理论经历了三次重大的理论跃迁。

第一代理论模型，以主体、客体及中介工具为构成基石，将"文化中介的行动"作为剖析社会现象的基本单元，强调所有中介工具均属文化产物，而面向客体的活动则深深烙印着社会与文化的印记。

第二代模型则在此基础上进一步拓展，纳入了规则、共同体与分工等要素，以整个"活动系统"为分析框架，聚焦于系统内部各要素间的互动关系，进而延伸至人与人之间的相互作用，为剖析人类实践活动历史中的矛盾提供了有力工具。

第三代模型，更是实现了理论的跨越性发展。它不仅包含了主体、客体、工具这三个核心要素，还融入了规则、共同体、分工等社会要素，以及生产、消费、交换、分配等四大体系，从而突破了单一活动系统与个体研究的局限。更为重要的是，第三代模型提出了"共享目标"这一核心概念（亦有学者称之为"潜在的共享客体"），强调活动系统的异质性与跨界性，主张分析单元应围绕最核心、最关键的共享目标来构建。这一理论创新，不仅深化了我们对活动系统内部运作机制的理解，也为探索多个活动系统间交互作用的新模式提供了理论支撑。

（二）企业家精神与科学精神的融合模型

从"文化—历史"活动理论的宏观视角审视，企业家与科学家在社会文化历史的广阔舞台上，各自扮演着不同层面的"活动系统"角色，他们不仅承载着迥异的利益诉求，更在实践活动中展现出截然不同的社会行动模式。通过对企业家精神与科学精神的深入剖析，我们不难发现，这两股精神力量作为社会大系统不可或缺的组成部分，在外部环境的持续作用下不断演化，其共享目标也随之呈现出动态变化与内涵丰富的特征。

基于此理论框架，本研究尝试构建企业家精神与科学精神融合的模型（见

图 4-1），该模型精妙地揭示了科学家与企业家活动系统的六大核心构成要素的内在联系。

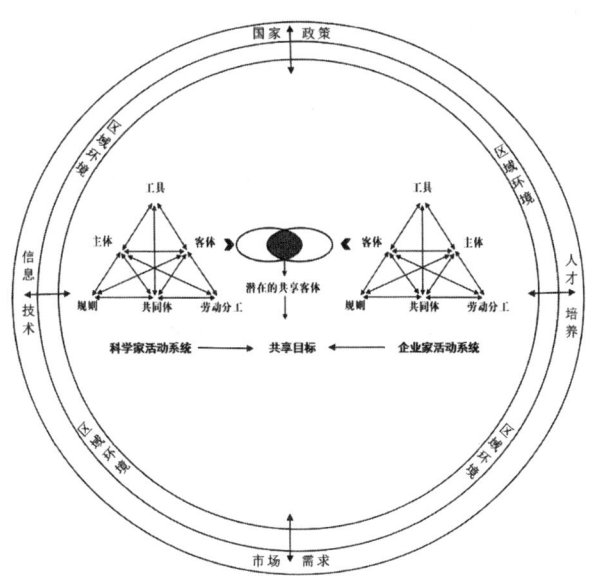

**图 4-1　企业家精神与科学精神融合模型**

一是企业家与科学家作为活动的主体，其社会实践均从自我立场出发，深受个人意愿的驱动。

二是企业家精神与科学精神则构成了活动的客体，它们是精神文化层面的智慧结晶，通过中介工具的巧妙运用，得以被塑造、转化并最终呈现为具体成果。

三是工具在此模型中扮演着连接主体与客体的桥梁角色，它涵盖了促进企业家精神与科学精神培育、形成、传承、传播及发展的一系列政策激励与宣传手段。

四是共同体，指那些目标趋同的个体或群体集合，如企业家协会、科学家协会等正式或非正式组织，它们为企业家与科学家的交流与合作提供了重要平台。

五是劳动分工，在共同体内部体现为任务、权力及地位的明确划分，它确保了组织运作的高效与有序。

六是规则，作为制约行动的重要准则，包括章程、管理制度等，不仅规范了共同体成员的行为，也维系着成员间的和谐关系。

通过这六大要素的协同作用，企业家精神与科学精神的融合模型得以完整呈现，为深入探索两者间的互动机制与融合路径提供了坚实的理论基础。

共享目标在本研究中被界定为企业家精神与科学精神融合后所形成的潜在共享客体。随着国家政策导向、市场需求变迁、人才培养机制革新以及信息技术迅猛发展等外部环境的深刻变化，加之区域环境中文脉、商脉、地脉的持续作用，企业家与科学家两大活动系统间的跨界交流与合作日益频繁。在此过程中，政治家、创投家、金融家、教育家等多重角色所代表的活动系统亦纷纷加入，共同构建起一个多元且异质的联盟结构。

这一异质性活动系统联盟内部，由于各系统对共同目标的理解与追求存在差异，不可避免地产生了"矛盾与冲突"。这些矛盾与冲突不仅促使各系统对现有实践与经验进行深刻反思与批判，更为企业家精神与科学精神的突变、融合及迭代创新提供了强大动力。

作为区域创新体系的核心构成，以企业家与科学家为主体的异质性活动系统联盟，通过在生产体系中引入新要素或实现要素的新组合，构建起一个高效资源配置的网络体系。该体系不仅促进了技术知识的输出与物质产品的创新，还孕育了丰富的文化精神成果，为区域经济与社会发展带来了显著的正面效应。

温州作为数学家之乡与民营经济的领头羊城市，通过连续举办世界青年科学家峰会（以下简称"青社会"），成功探索出一条促进企业家精神与科学精神深度融合的有效路径，不仅为温州本地注入了强劲的发展动能，更为全球范围内的科技创新与文化交流提供了宝贵经验。

## 二、企业家精神与科学精神融合案例分析

### （一）微观层面

青科会由中国科学技术协会与浙江省人民政府携手发起并主办、温州市承办，是一年一度的全球性青年高层次人才盛会，如表4-1所示。该活动以构建人类命运共同体为宏大愿景，围绕"汇聚天下英才，共创美好未来"的核心主题，聚焦青年科学家群体。通过融合产业精英、创投新锐与艺术翘楚，青科会搭建起科技与人文交融的对话平台。在这里，顶尖科学家引领方向，青年科学家深度融入，民营企业家对接科技成果，艺术家则激发无限创意，共同应对全球挑战。青科会致力于成为连接各国科学家、企业家与科学家、创投家之间深度交流、合作共赢的重要桥梁，推动跨领域合作，共创辉煌未来。

表 4-1 世界青年科学家峰会简表（2019—2022 年）

| 时间 | 聚焦议题 | 与会嘉宾 | 峰会成果 |
| --- | --- | --- | --- |
| 预热活动从 2019 年 5 月份开始，正式活动时间：2019.10.26—2019.10.27 | 聚焦科技与产业未来发展关键议题，创新科学家、企业家、创投家"三界融合"模式 | 85 个国家和地区及 17 个国际科技组织的 800 位海内外院士、青年科学家及企业家代表 | 签订创新平台 10 个、科技项目 78 个、高端人才及团队 64 个、战略合作协议 17 个，有 12 个项目已达成落地产业园的意向。 |
| 预热活动从 2020 年 5 月份开始，正式活动时间：2020.10.18—2020.10.19 | 聚焦消除贫困、科技战"疫"、环境与健康、青年与未来、创新与教育等联合国可持续发展目标核心议题 | 线上线下结合，125 个国家、地区和国际科技组织，113 位中外院士参会，800 多位科学家、企业家、创投家云聚一堂 | 签订战略合作协议 7 项、落地高能级创新平台 15 个、引进领军型人才创业项目 150 个。组织龙头企业、行业协会分别与 10 余家国家级学会对接，开展技术研发、成果转化等项目 50 余项，设立 169 个"揭榜挂帅"项目。 |
| 预热活动从 2021 年 5 月份开始，正式活动时间：2021.11.13—2021.11.14 | 聚焦气候变化、生命健康、数字经济、智能计算、未来技术、碳达峰碳中和、新材料等前沿科学领域 | 线上线下结合，50 多个国家、地区和国际组织的 13 名世界顶尖科学家、118 名院士、千余名青年科学家参会，5000 余名企业家代表参与活动 | 温州中国眼谷与世界 500 强、上市公司签约共建 17 家联合研究院，启动眼科龙头企业重大产业合作项目 10 个。"科创中国"对接会推进 73 个项目签约落地。超过 5000 名民营企业负责人参加科技赋能企业转型系列行动。 |
| 预热活动从 2022 年 5 月份开始，正式活动时间：2022.11.12—2022.11.13 | 聚焦联合国可持续发展目标、基础科学、原始创新、青年与未来，以及科技、教育、创新等重点内容 | 线上线下结合，30 多个国家和地区的嘉宾以及 102 个国际科技组织和科技社团的 3 位诺贝尔奖获得者、68 位海内外院士、500 多名青年科学家参会，超过 5000 名领军型企业、商会、侨团负责人参与活动 | 落地高能级创新平台 16 个，引进人才创新创业项目和技术合作项目 232 个、高层次人才 451 人，各类意向合作项目 32 项、国家级（省级）学会与地方合作平台 15 个。发布《全球高校创新创业合作·温州倡议》，共建联合国可持续发展目标落地计划（温州）实验室。 |

备注：依据世界青年科学家峰会官网资料整理。

## （二）中观层面

面对外部环境日益增长的复杂性，加速并拓宽企业家精神与科学精神的融合路径已成为当务之急。此过程不仅关乎企业家与科学家两大活动系统的动态交互，更需将政府部门、教育机构（涵盖大中小学）、各级学会、行业协会等多元活动系统纳入考量，形成异质性活动系统的综合分析框架。这些系统间相互依存、彼此影响，共同构成了一个错综复杂的网络结构。

以青科会为例，该盛会深刻体现了对多元活动系统资源依赖与相互影响的深刻理解。它以青年科学家为核心，巧妙融合了产业界、创投界、艺术界的青年才俊，通过举办多场会议活动，精心设计了盛会共赏、学术共融、对话共赢、产业共富、智慧共享等专题板块，构建了一个异质性活动系统联盟迭代创新的平台。这一平台不仅促进了思想与文化的激烈碰撞，还成为以会兴业、以会交友的桥梁与纽带。

青科会的成功举办，有力佐证了企业家精神与科学精神融合的重要性及其成效。实践表明，正是得益于异质性活动系统联盟的持续迭代与升级，一个科技与产业积极互动的生态系统已悄然形成，为企业家精神与科学精神的持续融合与创新提供了肥沃土壤。温州市在此方面做出了积极探索，通过营造优越的区域环境，推动科学家、企业家、创投家"三界"融合创新，围绕青科会系统构建了"一器一园一城一中心一基金"的全方位支持体系，有效连接了广大民营企业与高校创新平台，进一步催化了多个企业家与科学家异质性活动系统联盟的诞生与发展，为区域乃至全球的科技创新与产业升级注入了强劲动力。

## （三）宏观层面

根据企业家精神与科学精神融合模型，在新时代的历史背景下，企业家（作为活动主体）与科学家（同为活动主体）深受外部环境变迁的影响，其社会实践活动呈现出显著的转变趋势。在此背景下，企业家精神（作为活动客体）与科学精神（亦为活动客体）的共享目标愈发凸显，成为推动活动系统发展的核心动力。主体们借助社会文化环境所提供的中介工具，遵循共同体内既定的规则与分工安排，积极投身于社会实践之中。这一过程不仅促进了客体的持续更新与演化，还进一步加深了企业家精神与科学精神之间的融合与共生，为活动系统的整体进步注入了新的活力与动能。[①] 自 2019 年青科会创办以来，企业

---

①WELLS G. The Role of Dialogue in Activity Theory [J]. *Mind, Culture, and Activity* ,2009,9(1) : 43–66.

家与科学家活动系统所追求的共享目标经历了显著的演变过程。这一目标从最初的分散状态逐渐趋于集中，从目标的初步分解到具体的试行实践，乃至最终的制度化落实，展现出了从低层次向高层次不断提升的发展趋势。

1. 共享目标从自由分散到有效集中

青科会作为一个多元化的交流平台，汇聚了来自不同国家政府部门、高等教育机构、企业实体、各级学会、行业协会以及参会的企业家与科学家等众多参与者，他们各自怀揣着独特的利益诉求与参会目标，形成了目标的分散性。这种多元性不仅为会议带来了丰富的差异化信息、资源及合作契机，而且与国内那些同质化程度较高的学术团体或行业协会的传统年度聚会形成了鲜明对比。青科会每年都能吸引大批新的青年学者与创业者参与，其参会人员的更新频率极高，为会议注入了源源不断的活力。

众多参会的青年科学家以其特有的创新精神，为会议贡献了诸多新颖的思想观点、前沿技术、文化理念及研究成果。温州，作为青科会的举办地，其区域文化深受永嘉学派"事功"思想的影响，形成了务实重商的文化传统。在此背景下，大量科学家与温州本土企业家的汇聚，使得科学家精神与具有鲜明地域特色的温商精神得以深度碰撞与交融。这种全球"最强大脑"与"民营经济"的强强联合，不仅促进了参会目标由分散向集中的转变，更为温州的高质量发展注入了强劲动力，同时也赋予了温商精神更为丰富且时代化的新内涵。[1]

集中的目标，作为群体行动的共同追求，是对个体分散目标的一种理想化概括与提炼，对于增强群体凝聚力、推动群体发展具有至关重要的作用。青科会作为国际科技交流与合作的重要舞台以及国际学术交流高地的构筑者，同时承担着参与全球创新治理的重要使命，其集中目标的设定深刻体现了企业家精神与科学精神的精髓与特质。

自2019年创立以来，青科会始终秉持"汇聚天下英才、共创美好未来"的核心主题，这一集中目标成为贯穿历届盛会的灵魂。在年度议题的规划上，青科会紧密跟随国际科技经济发展的最新趋势，同时又不失自身特色。2020年，会议以"为服务人类福祉提供青年解决方案，为世界经济复苏汇聚青年创新动力，为联合国可持续发展目标贡献青年力量"为宗旨，展现了青年一代的责任与担当。

---

[1] 姜巽林."峰"景好，别是一乾坤——温州连续四年承办 青科会赋能一座城[N]. 温州日报，2022-11-12（01）.

2021 年，则聚焦于"责任、创新、合作——青年为人类可持续发展行动"，进一步强调了青年在可持续发展中的关键作用。而到了 2022 年，会议又倡导"基础科学促进可持续发展"，凸显了基础科学在推动可持续发展中的基石作用。

通过核心议题与年度议题的有机结合，青科会不仅紧密跟踪国际科技前沿，更在保持自身"国际特色、青年特征、科技特质、温州特点"的办会定位基础上，不断明确并深化其集中发展目标，为全球科技交流与合作注入了新的活力。

2. 共享目标从分解目标到探索试行

分解的目标，作为集中目标的细化与拓展，是在空间或时间上对总体目标进行的具体划分，从而构建起一个目标体系。青科会在此基础上，明确了一系列具体目标：搭建具有国际影响力的交流平台，构建全球青年科技创新的共同体，深入探讨全球可持续发展的重大议题，优化"一园一城一中心"（创业园、产业城和学术中心）的创新生态环境，打通"学术交流—科技孵化—产业发展"的创新链条，精准引进高质量的科创项目与高层次人才团队，以科技赋能民营经济高质量发展，并全面弘扬科学精神。例如，青科会倡导"科技向善"的文化理念，支持科学在增进人类福祉、推动联合国可持续发展目标实现及共同富裕示范区建设等方面发挥积极作用，这一理念进一步丰富了企业家精神与科学精神融合的内涵，并得到了联合国秘书长安东尼奥·古特雷斯的高度认可，他寄语道："科技的未来属于青年，增强责任、创新、合作，坚信创新、多边主义及企业家精神对于应对全球挑战、实现可持续发展目标至关重要。"

试验性的共享目标则具有尝试性，尚未形成定论。从当前国内外的研究现状来看，企业家精神与科学精神的融合仍处于探索与实践的初级阶段，尚未形成成熟的理论框架与融合模式。青科会选择在温州——这一中国民营经济的发源地与改革开放的前沿阵地举办，与温州人遍布全球 93 个国家和地区的经商置业历史，以及深厚的世界温州人文化底蕴紧密相连。青科会不仅为全球科技界与产业界的青年人才提供了宝贵的合作与交流机会，更成为科学精神与温商精神融合试验的重要平台。

温商精神作为企业家精神中一种具有鲜明地域特色的表现形式，可概括为五大方面：灵活应变、锐意进取的创新精神；一诺千金、以诚待人的诚信精神；闯荡天下、四海为家的开拓精神；艰苦奋斗、敢为人先的创业精神；自力更生、抱团合作的自主精神。四届青科会期间，累计邀请了 3000 余名国际知名学者、青年科学家与上万名来自企业、商会、侨团的负责人进行互动交流，在这一过程中不仅温州企业家的创业热情与创新意识被激发起来，更多国内外科学家也深刻感受到了温州历史文化（文脉）、地理山水（地脉）与商业发展（商脉）相融合而孕育出的独特温商精神。随着时代的不断变迁，温商精神也在持续发展与丰富，不断吸收世界科学精神的精髓，逐渐形成了新时代温州人的精神风貌，为温州的转型升级与发展注入了新的活力。

3. 共享目标向制度化、高层次发展

制度化的共享目标，指的是经由集体决策，确立并实施的旨在服务日常行为的新制度、新规范或新倡议。以青科会为例，该平台通过推动高端创新要素在温州国家自创区的集聚、科技孵化活动在环大罗山科创大走廊的开展、前沿学术交流在青科会平台的进行，以及科技成果在全市范围内的溢出，实现了创新资源的有效配置与利用。同时，"人才新政"的持续优化与"青年发展型城市"战略被纳入政府工作报告，进一步促进了科学家、企业家与创投家"三界"的融合创新发展，吸引了更多项目、人才与资本的汇聚，为温州科技创新驱动产业发展注入了强大信心与动力。

青科会还相继发布了《2020世界青年科学家峰会温州宣言》与《2022全球高校创新创业合作·温州倡议》，这两份文件不仅表达了青年科学家以科学改变世界为使命担当的立场与态度，还强调了通过创新创业活动促进联合国2030年可持续发展目标（SDGs）实现的重要性，从而丰富了企业家精神与科学精神融合的内涵。这种融合体现了民族性与世界性的统一，共享目标致力于推动人类命运共同体的构建及共同富裕的实现；同时，它也展现了时代性与历史性的统一，共享目标追求真理、崇尚善良，坚信创新创业的未来属于青年一代。

此外，这种融合还拓展了企业家精神与科学精神的外延，从个人层面逐步向组织层面、社会层面乃至全球层面延伸，形成了纵向与横向全方位的发展态势。这不仅有助于解决社会问题，促进世界、国家与社会的和谐发展，还实现了社会价值的最大化。随着共享目标不断向更高层次迈进，世界青年科学家群体与温州企业家群体将开展更加深入的合作，共同推动融合了温州文化特色的企业家精神与科学精神不断向前发展，践行"经世致用，义利并举"的核心理念。

### 三、企业家精神与科学精神融合的模式

#### （一）个体层面

在当今全球科技革命与产业变革的浪潮中，国家对于企业家精神和科学精神的弘扬与培育给予了前所未有的重视。这一趋势要求高等教育机构必须适应新时代的需求，致力于培养既具备企业家敢于冒险、善于创新的特质，又拥有科学家严谨求实、勇于探索精神的复合型人才。为实现这一目标，校企合作、产教融合成为不可或缺的重要途径。通过兴办现代产业学院，搭建企业家与科学家之间的互动交流平台，不仅为大学生提供了更多接受企业家、科学家指导的机会，使其能在实践中深刻领悟并内化这两种精神，而且促进了异质性活动系统联盟的构建。

异质性的活动系统联盟以其丰富多样的交流内容和开放包容的氛围，为企业家与科学家的合作交流提供了广阔的空间。在温州连续四年成功举办的青科会上，众多学术会议在温州各高校如火如荼地展开，这些会议不仅架起了开放、信任、合作的桥梁，更通过多场次、多形式的学术交流活动，让企业家、科学家、创投家等来自不同活动系统的精英们汇聚一堂，共同碰撞智慧的火花，激荡创新的思维。这种跨界的交流与合作，不仅增进了各方之间的共识与合作，更为高校大学生提供了近距离感受科技魅力、领悟创新创业精神的宝贵机会，从而深刻影响了他们的人生观和价值观。

#### （二）组织层面

在全球竞争日益激烈的背景下，原创性成为衡量一个国家科技实力和国际竞争力的重要指标。从"想到了"到"造出来"，不仅需要企业家精神与科学精神的深度融合，更需要从理念到行动的快速迭代创新。这就要求科学研究和产业市场之间必须打破壁垒，形成紧密的互动关系，共同构建学习型组织，营造浓厚的创新创业文化氛围。

青科会作为一个重要的平台，为企业家、科学家提供了交流分享与合作探讨个人"分散的目标"的机会。这些目标在交流中不断汇聚，最终融入联合国、不同国家、地方政府等多级"集中的目标"之中。在政府部门的支持下，企业家与科学家的共识更容易得到试验、孵化与培育，从而促使"试验的共享目标"得以实现。当这些共享目标形成独特的竞争优势时，它们将被纳入政府的科技、经济发展规划，从而加速从"想到了"到"造出来"，再到应用推广这一过程。

通过青科会这一平台，企业家、科学家、创投家"三界"实现了深度融合，加强了创新链、产业链与人才链之间的合作。这不仅系统构建并打通了"基础研究—技术研发—中间试验—企业孵化—规模生产"的全生命周期创新链，更为高校科研服务区域经济发展能力的提升和传统产业转型升级提供了有力支撑。

### （三）社会层面

企业家精神与科学精神的融合，不仅是个体和组织层面的事情，更是社会层面需要高度重视和大力推广的文化现象。[1]在弘扬与传播这两种精神的过程中，我们既要关注微观个体行为特性，也要加强宏观社会层面的传播力度，深入挖掘和凝练新时期的融合文化。

从个体层面来看，企业家精神与科学精神的融合主要受到家庭、社会和具体工作环境的影响。这种融合促使类似尹志尧、张东远等既是企业家又是科学家的复合型群体不断扩大，他们的个人价值也在这一过程中得到了充分体现。这些复合型人才的出现，不仅为科技创新和产业发展注入了新的活力，也为社会树立了榜样和标杆。

在组织层面上，企业家精神与科学精神的融合则主要围绕组织文化特质、内部创新机制和外部生存环境而展开。通过探究科学家社群、行业企业协会等活动系统的运作模式，以及促进科协、行业联合会、企业家协会等社团组织的互动交流，我们可以更好地理解和推动这两种精神的融合。同时，产教融合与科教融汇也为组织层次的融合提供了新的思路和路径。

在社会层面上，企业家精神与科学精神的融合则上升到了国家社会文化特质与文明类型、宏观创新创业机制与政策以及国内外大环境变化与挑战的高度。在这一层面上，我们需要关注如何促进社会企业家理论和社会科学家理论的发展，以及如何将"人类命运共同体""联合国可持续发展目标"等核心理念融入企业家精神与科学精神的高层次融合之中。这不仅有助于提升国家的整体科技实力和国际竞争力，更有助于推动世界的和谐与发展。

企业家精神与科学精神的多维度多层次融合是一个复杂而系统的过程。需要进一步丰富共享目标的精神内涵，最大限度地激发企业家和科学家的创新文化、创业热情和责任意识。通过他们的共同努力和不懈追求，我们可以推动世界的和谐、社会的进步和经济的增长，为人类的未来贡献更多的智慧和力量。

---

[1] 时鹏程, 许磊. 论企业家精神的三个层次及其启示 [J]. 外国经济与管理, 2006(2): 44-51.

# 第五章 数字经济背景下中国企业家精神与科学精神融合发展路径

## 第一节 中国企业家精神的特征及作用

### 一、中国企业家精神的特征

企业家精神作为推动市场经济发展的重要力量,既具有跨越国界、文化背景的共性特征,又深深植根于特定国家的文化土壤和社会制度之中,展现出独特的个性。在中国,企业家精神不仅体现了全球企业家所共有的创新、风险承担、果断决策和社会责任等一般特征,还融入了中国特色社会主义的政治观、奉献观、人际观和全局观,形成了独具特色的中国企业家精神。

#### (一)企业家精神的一般特征

1. 创新性

在全球化竞争日益激烈的今天,创新性已成为企业家精神的核心要素。在中国,随着市场经济的深入发展和产业结构的不断优化升级,企业家对创新的追求尤为迫切。他们不仅关注技术创新,通过研发投入、技术引进和自主研发相结合的方式,提升产品和服务的竞争力;还注重管理创新、商业模式创新和组织创新,以适应快速变化的市场环境。这种创新性不仅体现在对新技术的敏锐捕捉和应用上,更体现在对传统商业模式的颠覆和重构上,是推动中国经济高质量发展的关键动力。

2. 风险性

企业家作为企业经营的主要决策者,其决策过程充满了不确定性,需要承担巨大的风险。在中国,企业家需要在政策导向、市场需求、技术变革等多重因素中寻找平衡点,规避风险,做出正确的战略决策。这不仅考验着企业家的决策能力和市场洞察力，也锤炼了他们的坚韧不拔和勇于担当的精神品质。

3. 果断性

在瞬息万变的市场环境中，果断决策是企业家必备的能力。中国企业家在面对市场机遇和挑战时，往往能够迅速做出反应，抓住稍纵即逝的机遇。他们凭借敏锐的市场感知和丰富的经验积累，能够在信息不完全的情况下做出决策，展现出极高的决策效率和执行力。这种果断性不仅体现在战略制定上，也体现在日常运营中的快速响应和灵活调整上。

4. 社会性

企业作为社会经济活动的基本单元，其经营行为不仅影响着自身的利益，也关乎社会的整体福祉。中国企业家在追求经济效益的同时，越来越注重企业的社会责任和可持续发展。他们积极参与公益事业，推动环保和绿色发展，努力构建和谐的劳动关系和社区关系。这种社会性不仅提升了企业的社会形象和品牌价值，也促进了社会的和谐与进步。

**（二）中国企业家精神的特殊性**

1. 政治观

在中国特色社会主义制度下，企业家精神必然带有鲜明的政治色彩。中国企业家在经营过程中，始终坚持党的领导，遵守国家法律法规，积极响应国家号召，将企业发展融入国家发展战略之中。他们不仅关注企业的经济利益，更重视企业的政治方向和社会责任，努力实现经济效益和社会效益的双赢。这种政治观不仅体现了中国企业家的政治觉悟和爱国情怀，也为企业的发展提供了稳定的政治环境和政策支持。

2. 奉献观

在中国传统文化的影响下，奉献精神成为企业家精神的重要组成部分。中国企业家往往将企业的成功视为自己人生的最大成就，他们不计个人得失，全身心投入企业管理和经营之中。他们以身作则，带领团队攻坚克难，共同创造企业的辉煌。这种奉献精神不仅激发了企业员工的积极性和创造力，也增强了企业的凝聚力和向心力。在中国传统文化均平观念的深刻影响下，企业家的奉献精神更加凸显了其社会价值和文化意义。

3. 人际观

中国人际关系的复杂性和重要性在企业管理中得到了充分体现。中国企业家在管理中注重人际关系的和谐与协调，强调团队合作和集体智慧。他们善于运用非正式的组织约束、微妙的暗示和私下的沟通与考核等方式，营造和谐的工作氛围和强大的团队凝聚力。这种人际观不仅体现了中国企业家的管理智慧和文化底蕴，也为企业的发展提供了稳定的人力资源支持和良好的内部环境。

4. 全局观

在中国企业家精神中，全局观是一种重要的思维方式。企业家在经营过程中，不仅关注企业的局部利益和短期利益，更重视企业的整体利益和长远发展。他们坚持企业利益与社会效益并重，注重企业局部利益与国家整体利益的协调统一。在面临短期利益与长期利益的冲突时，他们能够权衡利弊，做出符合企业长远发展的决策。这种全局观不仅体现了中国企业家的战略眼光和长远规划能力，也为企业的可持续发展奠定了坚实的基础。

## 二、中国企业家精神的作用

企业家精神作为推动现代企业发展的核心动力，不仅塑造着企业的灵魂，更在多个维度上对企业、员工乃至整个社会产生着深远的影响。下面从典范作用、引导作用、塑造形象作用、改造作用、自控作用、主动作用以及教化作用七个方面，深入剖析中国企业家精神在现代企业管理与社会发展中的重要作用。

（一）典范作用

"桃李不言，下自成蹊"，企业家以其独特的价值观念和行为准则，成为企业员工学习的榜样。企业家作为企业决策的核心，其每一次决策都代表着个人价值观的抉择，这一过程无形中为员工树立了行为的标杆。员工通过观察、学习和模仿企业家的行为，逐渐形成与企业家一致的价值观和行为习惯。这种典范作用不仅增强了企业的内部凝聚力，还促进了企业文化和价值观的传承与发扬。企业家以自身的言行举止在潜移默化中影响着员工，使他们在追求个人发展的同时，也为企业的发展贡献自己的力量。

（二）引导作用

企业家精神如同灯塔，引领着企业员工向企业生产经营的既定目标迈进。首先，企业家精神是企业文化培育与重塑的重要基石。企业家通过将自己的价值观和行为准则融入企业文化，使员工在潜移默化中接受并内化这些观念，从而形成具有鲜明特色的企业文化。例如，松下幸之助通过自办杂志和大学，成功地将自己的价值观传递给员工，促进了企业文化的形成与发展。其次，企业家精神作为员工行为的准绳，能够引导员工进行自我控制，实现硬性管理难以达到的效果。企业家通过树立榜样，鼓励员工遵循企业价值观，使员工在自我约束中不断提升自我，推动企业向更高层次迈进。

### （三）塑造形象作用

企业家个人的精神风貌和形象是企业无形资产的重要组成部分。优秀的企业家通过展示自身的良好精神风貌，能够赢得社会的广泛认可和尊重，进而提升企业的知名度和美誉度。如腾讯的马化腾、小米集团的雷军、比亚迪的王传福等，他们以其卓越的领导力和企业家精神，不仅塑造了个人的良好形象，也为企业赢得了广泛的社会赞誉和市场份额。这种塑造形象的作用，不仅增强了企业的市场竞争力，还为企业的发展创造了更加有利的外部环境。

### （四）改造作用

企业家精神在企业管理中还具有强大的改造作用。以人为中心的管理理念强调培育员工的向心力和共识，而企业家精神正是实现这一目标的关键。企业家通过倡导先进的观念，改变员工思想中的落后观念，使员工适应现代管理发展的需要。企业家地位的强制性有助于员工新观念的普及和旧观念的根除。通过奖励与企业家精神相一致的员工，惩罚与企业家精神相违背的员工，企业家能够加快员工思想观念的转变，提升企业的整体素质和竞争力。同时，企业家精神的吸引力和同化力使员工在不知不觉中做出与企业家相一致的行为抉择，增强了企业的内聚力和执行力。

### （五）自控作用

企业家精神还具有自我控制的作用。企业家通过自己认定的价值观和行为准则，可以对自己的日常行为进行内在控制和调节。这种自我控制不仅有助于企业家优化自己的行为选择，实现个人价值的最大化，还能够提升企业家在企业经营管理过程中的决策效率和执行效果。企业家通过自我约束和自我管理，树立了良好的领导形象，增强了员工对企业的信任和归属感，为企业的稳定发展奠定了坚实的基础。

### (六) 主动作用

在传统体制下，政企职责不分，企业缺乏独立性，企业家精神被压抑，企业处于被动地位。然而，随着改革的深化和政企职责的分离，企业获得了更多的自主权，企业家精神得以充分展现。企业家在遵守国家法律政策和尊重市场调节的前提下，以主动的姿态驾驭企业，追求利润最大化，促进了企业活力的增强。企业家精神的主动作用不仅体现在企业的战略决策和经营管理上，还体现在企业的市场拓展和品牌建设上。企业家通过不断创新和进取，推动企业不断突破自我，实现跨越式发展。

### (七) 教化作用

企业家精神一方面受到传统文化的影响，另一方面不断地改变和重塑着传统文化。企业家精神作为时代精神的体现，蕴含着现代社会的价值观和行为准则。企业家通过弘扬企业家精神，不仅能够提升个人的修养和素质，还能够促进企业文化的形成和发展，使企业充满生机和活力。同时，由于企业家在社会经济中的关键地位，企业家精神对传统文化的影响和改造作用也尤为显著。企业家通过弘扬传统文化的精华，影响着整个社会的价值观和行为准则。这种教化作用不仅有助于提升整个民族的精神素质，还为现代化的实现奠定了坚实的文化基础。

企业家精神在现代企业管理与社会发展中发挥着举足轻重的作用。它不仅是企业文化的核心和灵魂，更是推动企业发展的强大动力。在全球化竞争日益激烈的今天，重塑现代化企业家精神，不仅是企业发展的内在要求，也是国家竞争力提升的重要途径。虽然重塑企业家精神的道路充满挑战和坎坷，但只要我们坚定信念、勇往直前，就一定能够迎来更加光明的未来。

## 第二节 数字经济时代中国企业家精神的重塑与发展路径

在数字经济浪潮汹涌澎湃的今天，企业家精神作为推动经济社会发展的重要力量，其重塑与发展显得尤为关键。下面从深化政治经济体制改革、企业家阶层的崛起以及企业家价值观的变革三个维度，探讨数字经济时代中国企业家精神的重塑路径与发展策略。

## 一、深化体制改革

制度是社会结构的基石,不仅塑造了人们的行为模式,也深刻影响着企业家精神的孕育与成长。在数字经济时代,深化政治经济体制改革,成为重塑企业家精神的关键。

### (一)明确企业市场主体地位,激发企业家精神

必须进一步明晰政企职责,确保企业在市场中的独立地位。政府应转变职能,从直接干预转向宏观调控和服务支持,为企业创造公平竞争的市场环境。通过制定和完善相关法律法规,保护企业的合法权益,降低企业运营的制度成本。同时,要界定好政府机关和企业的责、权、利关系,避免政府过度干预企业经营,让企业真正成为自主决策、自负盈亏的经济实体。

要建立有效的激励机制,将企业家的收入与企业的经营状况紧密挂钩。通过股权激励、绩效奖励等方式,激发企业家的创新精神和冒险精神,使他们敢于面对市场竞争,勇于探索未知领域。这种动力机制的再造,不仅能够提升企业家的积极性和创造力,还能够促进企业的持续发展和经济效益的提升。

要合理界定企业和国家利益的分配关系。在保障国家税收和公共利益的前提下,应允许企业保留更多的经营收益,用于技术创新、市场拓展和员工福利等方面。这样既能增强企业的自我发展能力,又能提高企业家的社会责任感和使命感。

### (二)建立健全市场体系,发挥市场调节作用

市场体系的完善是发挥市场调节作用的前提。在数字经济时代,应加快构建统一开放、竞争有序的市场体系,让市场机制在资源配置中发挥决定性作用。这包括完善商品市场、要素市场和服务市场,打破地域和行业壁垒,促进资源在不同地区、不同行业之间的自由流动和优化配置。

特别要注意的是,要建立和完善企业家市场,引入竞争机制,提高企业家队伍的素质和水平。通过市场化选聘等方式,吸引和培育一批具有国际竞争力的企业家。同时,要加强对企业家的监督和评价,建立有效的退出机制,确保企业家队伍的优胜劣汰和持续更新。

此外,还要加强数字基础设施建设,推动数字经济与实体经济深度融合。通过大数据、云计算、人工智能等先进技术的应用,提升市场信息的透明度和对称性,降低交易成本,提高市场效率。这将为企业家提供更加准确、及时的

市场信号，帮助他们做出更加科学、合理的决策。

### （三）实施"两权分离"，保障企业家经营自主权

所有权与经营权的分离是现代企业制度的重要特征。在数字经济时代，应进一步深化企业改革，实施"两权分离"，确保企业家在经营管理过程中的自主权。这包括明确企业法人的法律地位和责任边界，保护企业家的合法权益；建立科学的公司治理结构，实现决策权、执行权和监督权的相互制衡和协调；推进混合所有制改革，引入社会资本和民间资本参与企业经营管理，增强企业的活力和竞争力。同时，要打破企业家与行政的挂靠关系，割断"市长与市场"的直接联系。通过建立健全企业家选拔、任用和考核机制，实现企业家的职业化、市场化和国际化。这将有助于企业家摆脱行政干预和束缚，更加专注于企业的经营管理和发展壮大。

### （四）创造宽松的社会舆论环境，鼓励企业家创新

传统的舆论环境往往对改革者持保守态度，对创新者持批判态度。在数字经济时代，应创造宽松的社会舆论环境，鼓励企业家大胆创新、勇于尝试。这包括加强对企业家精神的宣传和推广，树立企业家的正面形象；建立健全企业家权益保护机制，维护企业家的合法权益；加强对企业家的培训和辅导，提升他们的创新能力和领导能力。

同时，要加强法治建设，完善相关法律法规和政策制度，为企业家提供有力的法律保障。通过严格执法和公正司法，打击各种违法行为和不正当竞争行为，维护市场秩序和公平竞争环境。这有助于企业家在宽松、自由的环境中茁壮成长，不断焕发出新的活力和创造力。

## 二、形成企业家阶层

企业家阶层的崛起是重塑企业家精神的社会基础。在数字经济时代，应加快培育和发展企业家阶层，推动企业家精神的广泛传播和深入实践。

### （一）提升企业管理者素质，培育企业家阶层

要加强对现有企业管理者的培训和教育。通过多渠道、多形式的培训，如举办培训班、研讨会、讲座等，提升企业管理者的专业知识和管理能力水平。同时，要鼓励企业管理者自主学习、自我提升，不断拓宽知识视野和思维格局。

要引导企业管理者向企业家转型。企业家不仅具备管理企业的能力，还具

备创新、冒险、领导等特质。因此，要鼓励企业管理者勇于尝试新事物、新方法，敢于面对挑战和困难。通过实践锻炼和经验积累，逐步培育出一批具有国际视野和竞争力的企业家。

要加强企业家阶层的组织建设。建立健全企业家协会、商会等组织机构，为企业家提供交流、合作、学习的平台。通过组织活动、分享经验、互相学习等方式，促进企业家阶层的成长和壮大。

### （二）塑造现代企业家形象，树立企业家典范

现代企业家应具备视野开阔、信息灵通、善于决策、讲求效益、追求盈利、敢于开拓创新、勇于承担风险等特征。在履行管理职能过程中，应展现出魄力、自信、果断、豁达、进取、民主的形象。这种形象不仅有助于提升企业家的个人魅力，还能够激发员工的积极性和创造力，推动企业的快速发展。

因此，要加强对企业家形象的塑造和宣传。通过媒体报道、公开演讲、社会公益等方式，展示企业家的风采和成就。同时，要树立企业家典范，表彰优秀企业家，宣扬其事迹和贡献，激励更多企业管理者向其看齐、学习。

### （三）建立健全企业家评价机制，推动企业家队伍建设

建立健全企业家评价机制是推动企业家队伍建设的重要手段。通过科学合理的评价体系和评价标准，对企业家的绩效、能力、贡献等方面进行全面的评价。这不仅能够为企业家的选拔、任用和激励提供有力依据，还能促进企业家之间的良性竞争和相互学习。

同时，要加强对企业家评价结果的运用。将评价结果与企业家的薪酬、晋升、奖励等挂钩，形成有效的激励机制。这有助于激发企业家的积极性和创造力，推动企业家队伍的不断壮大和整体素质的提升。

## 三、企业家价值观变革

企业家价值观的变革是重塑企业家精神的核心动力。在数字经济时代，企业家应顺应时代潮流和发展趋势，不断更新和变革自己的价值观，以适应新的市场环境和竞争态势。

### （一）由封闭型向开放型转变

受到传统文化的影响，部分企业管理者往往具有中庸保守、内倾型的人格特征，习惯于墨守成规、安于现状。然而，在数字经济时代，这种封闭型的价

值观已经难以适应市场的发展和变化。企业家必须转变思想观念，由封闭型向开放型转变，积极拥抱数字经济时代。

这要求企业家具备开放的心态和视野，勇于接受新事物、新思想、新技术。通过不断学习和探索，了解数字经济的运行规律和发展趋势，掌握数字技术的应用和创新能力。同时，要加强与国内外同行的交流与合作，借鉴先进经验和管理模式，推动企业向数字化、智能化、网络化方向发展。

### （二）由顺从意识向独立意识转变

传统的"保姆型"观念使企业管理者过分依赖上级机关和领导决策，缺乏独立意识和自主精神。然而，在数字经济时代，企业家必须强化自己的主体意识和独立意识，勇于担当、敢于决策。

这要求企业家具备健全的人格和独立思考的能力，能够根据自己的判断和经验做出正确的决策。同时，要加强与员工的沟通与协作，建立有效的激励机制和团队文化，激发员工的积极性和创造力。通过强化企业家的主体意识和独立意识，推动企业向更加自主、创新、高效的方向发展。

### （三）由"权威型"向"民主型"转变

传统文化中的"天人合一"观念导致了人际关系中的压迫性和不平等性。在企业管理中，这种"权威型"的管理模式往往导致上下级关系紧张、员工积极性受挫。因此，企业家必须转变管理模式，由"权威型"向"民主型"转变。

这要求企业家具备平易近人、谦虚谨慎的形象，注重双向沟通和员工参与。通过建立健全的民主管理制度和决策机制，让员工参与到企业的管理和决策中来，增强员工的归属感和责任感。同时，要重视工会、职工代表大会等组织机构的作用，发挥它们在维护员工权益、促进企业发展方面的积极作用。通过构建和谐的企业氛围和民主的管理模式，推动企业向更加人性化、民主化、法治化的方向发展。

### （四）由"政治型"向"经济型"转变

在传统的计划经济体制下，企业管理者的职能往往被行政化、政治化，导致其行为准则过分重视政治因素而忽视经济效益。然而，在数字经济时代，企业家必须转变价值观念，由"政治型"向"经济型"转变。

这要求企业家具备强烈的经济意识和效益观念，以追求经济效益最大化为目标。通过加强市场调研和数据分析，了解市场需求和竞争态势，制订科学合理的经营策略和营销方案。同时,要加强成本控制和财务管理,提高资源利用效率和盈利能力。通过追求经济效益最大化,推动企业向更加市场化、商业化、盈利化的方向发展。

### (五)从"品德主导型"向"能力综合型"的转型

传统文化深度强调道德价值,对企业管理者的评判标准产生了显著影响,倾向于过分倚重道德评判。然而,道德行为的非强制性特征往往导致管理实践中的非规范性操作,进而扰乱经济秩序。此外,社会对企业家道德品质的单一强调、以德行为任免的首要标准,忽视了其他关键能力,这可能导致"老好人"现象出现,即道德高尚但管理能力不足的管理者上任,最终影响企业效能。在现代经济背景下,企业家肩负重任,市场竞争激烈,因此,虽然品德要求不可或缺,但全面能力的考量同样重要。唯有品德与能力并重,方能适应并推动社会主义市场经济的发展。

### (六)从"人治主导型"向"人治法治并重型"的转变

西方社会因其理性主义传统,曾一度偏重"事本主义",存在忽视人的因素之弊。因此,西方企业家精神逐渐从单一的法治刚性模式转向"人治法治"相结合的柔性管理模式,以优化人际环境,提升管理水平。相比之下,中国传统文化中的人我界限模糊,人情观念浓厚,基于血缘、姻亲等关系的人情网络具有保守性和狭隘性。现代企业家精神需摒弃传统"重人不重事"的偏见,实现"人事并重"。这要求企业家既发挥传统文化中人情关怀的优势,又通过制度建设确保理性与灵性的统一,实现管理与人文的和谐共生。

### (七)从"中庸守成型"向"开拓创新型"转变

传统文化中的"东方式嫉妒"心理,表现为对他人成功的嫉妒与打压,而非关注于自我提升,这导致了社会整体的保守与停滞。许多企业管理者为避免成为众矢之的,采取中庸之道,不求有功但求无过,这种心态严重阻碍了企业家精神的发挥。在现代经济快速发展的背景下,市场竞争激烈,企业家必须树立开拓创新的理念,勇于承担风险,才能在市场中立足并发展。因此,从守成到创新的转变,是企业持续发展的关键。

### (八)从"均平型"向"差异型"的利益分配转变

传统文化的平均主义观念仍对现代人的思维方式产生深远影响。新中国成立后,虽然不再有不劳而获的现象出现,但企业内部"大锅饭"和"铁饭碗"

的存在削弱了员工的积极性和企业的效率。为真正贯彻按劳分配原则，提高管理效能，企业家需从观念上转变，从"均平型"利益分配模式转向"差异型"，实现责、权、利的统一，打破平均主义，激发企业活力。

此外，还需实现从"重投入"向"重产出"的价值观转变。传统政企不分的体制导致企业过度依赖政府投资，忽视了投入产出效率。随着政企分离，企业成为独立经济实体，企业家需树立正确的投入产出观，重视经济效益。这一转变是政治经济体制改革深化的必然结果，也是企业家队伍成长和企业家精神重塑的重要推动力量。

## 第三节　企业家精神和科学精神协同推动民营企业创新发展路径

党的十九届五中全会明确强调，创新驱动发展战略是我国现代化建设全局的核心所在，必须坚定不移地推进，并着重凸显企业在创新体系中的主体地位。与此同时，"十四五"规划及2035年远景目标纲要进一步阐明，要坚定不移地巩固公有制经济，同时积极鼓励、支持和引导非公有制经济，特别是民营经济的高质量发展。

民营企业作为科技创新的主力军，其贡献的技术创新成果已超过70%，成为推动我国科技创新与产业升级不可或缺的力量。为顺应这一趋势，国务院于2020年5月发布相关意见，鼓励科学家秉承新时代科学精神，勇攀科技高峰。而"十四五"规划更是明确指出，要充分发挥企业家在技术创新中的关键作用，大力弘扬企业家精神，助力打造世界一流企业。

立足新发展阶段，我们必须贯彻新发展理念，构建新发展格局。在此背景下，企业家精神与科学精神的协同融合显得尤为重要。通过这两种精神的共同作用，可以进一步激发民营企业的创新活力与内在动力，为我国的科技创新和产业升级注入强大动能。因此，深入实施创新驱动发展战略，促进企业家精神与科学精神的深度融合，对于推动我国民营企业高质量发展具有深远的战略意义。

### 一、企业家和科学家对民营企业创新的重要意义

党的二十大报告强调，要加快实施创新驱动发展战略，加快实现高水平科

技自立自强,坚持创新在我国现代化建设全局中的核心地位。这为我国经济社会发展指明了方向。在新发展阶段,创新已成为民营企业获取可持续竞争优势、实现高质量发展的关键。而企业家与科学家,作为创新驱动发展战略中不可或缺的人才支撑,其在民营企业创新过程中的作用与协同机制,无疑具有深远的战略意义。

**(一)企业家与科学家是民营企业创新的重要主体**

民营企业作为市场经济中最具活力、覆盖面最广的市场主体,其创新活动不仅关乎自身的生存与发展,更是推动国家经济转型升级、实现高质量发展的重要力量。民营企业创新通常包括自主创新与协同创新两种形式。其中,协同创新强调多主体、多层次的互补与合作,以实现创新资源的优化配置与高效利用。

从协同推动民营企业创新发展的视角来看,企业家与科学家共同构成了民营企业创新的两大核心主体。企业家作为市场经济的弄潮儿,他们具备敏锐的市场洞察力、强烈的商业嗅觉与勇于冒险的精神。企业家将技术创新视为商业成功的关键,他们致力于将科技成果转化为实际生产力,推动技术的市场应用与商业化进程。而科学家则是科技创新的引领者,他们追求科学真理,掌握前沿知识,具备深厚的科研素养与探索精神。正是科学家们的不断探索与突破,推动了技术的更新迭代与产业的转型升级。

**(二)企业家与科学家的协同是民营企业创新的重要保障**

技术创新是民营企业增强活力、实现持续发展的核心驱动力。在内生经济增长理论(Endogenous Growth Theory)的框架下,技术进步被视为经济增长的内生动力,而人的生产技能与相互协作能力则是技术进步的关键因素。因此,对于民营企业而言,要想在激烈的市场竞争中脱颖而出,就必须同时培养具有市场敏锐度及科技成果转化能力的企业家与具备创新知识与技能的科学家。

企业家通过商业拓展行为,不断识别与捕捉市场机会,为技术创新提供明确的市场导向与商业应用前景。而科学家的日常科研活动则不仅使他们能够紧跟科技前沿,掌握最新的科研动态,还为他们提供了丰富的创新资源与技术储备。科学家的技术研发与企业家的成果转化之间,存在着一种天然的互动与融合关系。这种关系不仅促进了科技成果的有效转化,还实现了科研与市场的无缝对接,为民营企业创新提供了强大的动力源泉。

通过加强企业家与科学家的相互协作,可以形成协同增效的良性循环。企业家为科学家提供市场反馈与资金支持，科学家则为企业家提供技术支持与创新思路。这种协同机制不仅激发了民营企业的创新活力，还推动了民营企业的高质量发展。在新发展阶段，我们应进一步深化对企业家与科学家在民营企业创新中作用的认识，加强两者的协同与合作，为构建创新型国家、实现经济高质量发展贡献更大的力量。

## 二、企业家精神和科学精神协同推动民营企业创新发展的逻辑机理

在创新驱动发展战略的时代背景下，企业家精神与科学精神作为两种重要的精神力量，共同构成了推动民营企业创新发展的内在驱动力与价值引领。

### （一）企业家精神是民营企业创新发展的组织者与推动者

经济学家熊彼特的创新理论强调，企业家是开展创新活动的主体，创新是企业家精神的灵魂。在民营企业中，企业家精神体现为对市场的敏锐洞察、对风险的勇敢承担以及对新技术的不断探索与应用。相较于国有企业，民营企业在创新方面具有更为迫切的需求和更为灵活的组织机制。企业家精神中的冒险精神、进取精神以及组织能力，使得民营企业在面对市场变化时能够迅速调整策略，抓住机遇，实现颠覆性创新。

当前，充分发挥企业家的创新精神，进一步激发民营企业的创新和创造活力，已成为政府、学界和业界的共识。企业家精神不仅为民营企业提供了强大的内在驱动力，更为其创新发展指明了方向。

### （二）科学精神是民营企业创新发展的智慧源泉

2020年9月，习近平总书记在科学家座谈会上的重要讲话，深刻阐明了科学精神对于科技事业发展的重大意义。科学精神是科技工作者在长期科学实践中积累的宝贵精神财富，其核心在于创新。这种创新精神不仅体现在科学家对未知领域的探索与发现上，更体现在他们将科技成果转化为现实生产力的过程中。中国科协创新战略研究院等机构的问卷调查结果也显示，"创造新知识"已成为科技工作者职业生涯目标中占比最高的选项，这进一步印证了科学精神中创新内核的重要性。

在民营企业中，科学精神是科技创新成果的重要源泉。民营企业作为市场经济中最具活力的主体之一，其创新发展离不开科学家的智慧与辛勤付出。科学家通过深入研究、不断探索，为民营企业提供了源源不断的技术支持与创新思路。这些科技创新成果，不仅是科学家精神的客观物化体现，更是推动民营

企业持续发展的强大动力。

### （三）企业家精神与科学精神协同是民营企业创新发展的价值引领

企业家精神与科学精神在民营企业创新发展中并非孤立存在，而是相互协同、相互促进的。科学精神为民营企业提供了科技创新的智力支持，引领企业不断向科技前沿迈进；而企业家精神则将这些科技成果转化为实际生产力，推动企业在市场竞争中脱颖而出。

从价值导向来看，科学精神中的为社会谋福祉、谋发展的内核，与企业家精神中的社会责任意识不谋而合。新时代的企业家与科学家都承担着推动社会进步、实现高质量发展的重任。他们通过创新活动，不仅为企业创造了经济效益，更为社会带来了福祉与进步。这种以社会责任为前提的创新理念，既是企业家精神的内核体现，也是科学精神的灵魂所在。

企业家精神与科学精神作为协同推进民营企业创新发展的内在驱动力与价值引领，共同构成了民营企业创新发展的强大支撑。在新发展阶段，我们应进一步深化对这两种精神的认识与理解，加强它们的协同与融合，为民营企业的高质量发展提供更加坚实的动力与保障。

## 三、企业家精神与科学精神协同推动民营企业创新发展的作用机制

在创新驱动发展战略的背景下，企业家精神与科学精神的协同作用成为推动民营企业创新发展的核心动力。下文旨在深入探讨这两种精神如何协同推动民营企业创新发展，并提出相应的作用机制。

### （一）营造培养企业家和科学家的生态文化：精神协同的基石

习近平总书记强调，应"坚持营造识才爱才敬才用才的环境"，为企业家和科学家的成长与发展提供肥沃的土壤。民营企业作为创新驱动发展战略的前沿阵地，更应致力于构建有利于企业家和科学家协同创新的生态环境。

营造尊重企业家和科学家的社会氛围是精神协同的前提。通过讲好企业家和科学家的故事，大力宣传和弘扬他们通过创新驱动社会进步和国家发展的先进事迹，可以激发社会对企业家和科学家的崇敬与尊重。定期开展优秀企业家和科学家表彰活动，不仅能够表彰他们的杰出贡献，更能够发挥企业家精神和科学精神的双引领作用，激励更多人才投身科技创新和创业实践。

构建激励企业家和科学家的良好生态环境是精神协同的保障。民营企业应建立多层次激励体系，包括在医疗健康、住房保障、人才认定等方面给予政策

支持，让企业家和科学家在协同创新过程中感受到实实在在的关怀与支持。同时，通过增强企业家和科学家在民营企业创新发展进程中的获得感、幸福感和归属感，进一步激发他们的创新热情和创业激情，为弘扬企业家精神和科学精神提供持续的保障。

（二）打造市场化、法治化、国际化的营商环境：精神协同的加速器

营商环境是民营企业创新发展的"土壤"和"空气"，对于企业家精神和科学精神的协同推动具有至关重要的作用。

深入开展"放管服"改革，为民营企业创造公平竞争的市场环境。通过放宽市场准入条件，使民营企业能够平等参与市场竞争；建立公平、透明的市场机制，为企业家开展创新活动创造有利条件；落实减税降费政策，缓解融资约束，为科学家开展技术创新提供充足的研发经费保障。这些措施不仅能够激发民营企业的创新活力，还能够促进企业家精神与科学精神的深度融合与协同增效。

建立健全公平公正的法治体系，切实维护民营企业创新发展的合法权益。完善的知识产权保护体系是民营企业科技创新成果的重要保障。通过为企业家开展科技成果转化提供法律保障，可以降低创新风险，增强创新信心；同时，加强知识产权保护力度，严厉打击侵权行为，可以切实保障科学家的智力投入和产出的合法权益。

构筑双向开放的国际合作平台，吸引国内外先进技术和人才与民营企业耦合。科技无国界，民营企业应积极参与国际科技合作与交流，吸收借鉴国际先进经验和技术成果。通过搭建国际化资本和智力合作平台，为企业家将创新产品推广至国际市场提供有力支持，来提升民营企业的国际竞争力；同时，为科学家从事科研拓展广阔的国际视野和丰富的合作资源。

（三）构建联通创新链和产业链的合作模式：精神协同的实现路径

民营企业创新是一项系统工程，需要创新链和产业链的紧密结合与协同增效。科学精神追求的是创新链层面的学术创新和技术突破，而企业家精神则体现在产业链上实现创新产品的市场价值。因此，构建联通创新链和产业链的合作模式成为企业家精神和科学精神协同推动民营企业创新发展的关键。

形成企业家精神和科学精神的交汇点，打通创新链和产业链。通过搭建连接创新链和产业链的桥梁，如建立产学研合作机制、设立科技成果转化基金等，可以促进企业家与科学家的交流与合作。企业家能够成为科学家创新的事业伙

伴，共同推动科技成果的市场化进程；同时，科学家也能够从市场需求中获得灵感和动力，进一步推动学术创新和技术突破。

形成"企业家+科学家"的融合协作格局，构筑创新转化产业全链。科学家和企业家在各自领域具有独特的优势和专长，但也存在局限性。企业家虽然能够提出产业链上的市场需求，但往往缺乏创新链提供的知识和技术支持；而科学家往往缺乏面向市场的敏锐嗅觉和驾驭科技创新转化链的能力。因此，通过形成"企业家+科学家"的交互合作机制，可以充分发挥各自的优势，共同打造创新成果产业化全链。这种融合协作格局不仅能够加速科技成果的转化落地，还能够推动民营企业创新发展的持续升级和迭代。

企业家精神和科学精神作为民营企业创新发展的内在驱动力与价值引领，其协同推动作用不容忽视。通过营造培养企业家和科学家的生态文化、打造市场化法治化国际化的营商环境以及构建联通创新链和产业链的合作模式等有效作用机制，可以进一步激发民营企业创新发展的活力与潜力，为推动我国经济社会高质量发展贡献更大力量。

## 第四节　科学精神融入企业家精神的路径研究
## ——以浙江省为例

现有研究已对企业家精神与科学精神的内涵进行了深入探讨，并明确指出了企业家精神对我国经济发展的积极促进作用。企业家精神在资源配置、技术革新及商业模式创新等方面展现出的巨大能量，成为驱动经济高质量发展的关键力量。在经济新常态下，弘扬企业家精神，对于推动经济转型升级、实现高质量发展具有重要意义。

浙商作为历史悠久、全球化经营且人数众多的商业群体，其独特的经营理念与生存之道构成了浙江企业家精神鲜明的特色。然而，当前研究更多聚焦于企业家精神的经济效应，对其形成机制、转型路径及如何应对全球经济挑战等方面的探讨尚显不足，难以满足新时代经济发展的新要求。

尤为重要的是，现有研究对企业家精神与科学精神融合的探索尚为空白。事实上，两者间的融合对于推动企业高质量发展具有巨大潜力。浙江作为经济活跃、创新氛围浓厚的地区，研究其企业家精神与科学精神的融合路径，不仅有助于浙江企业实现更高层次的发展，也为全国其他省份提供了宝贵的经验借鉴。

因此，本节内容聚焦于浙江省独特的人文与社会环境，深入挖掘企业家精神与科学精神的内涵与价值。通过寻找两者间的共通之处，尝试将科学精神中的爱国精神、创新精神、求实精神、奉献精神及育人精神融入浙江企业家精神之中，以此推动科学精神向实际生产力的转化，成为驱动浙江经济高质量发展的持久动力。这一融合机制将为浙江企业的高质量发展提供有力支撑，并为全国范围内的经济转型升级提供新的思路与路径。

**一、企业家精神与科学精神融合的理论分析**

在当今社会，企业家精神与科学精神作为推动社会进步与经济发展的两大重要力量，其内涵界定与相互关系的研究显得尤为关键。下文通过对现有文献的梳理与分析，深入剖析企业家精神与科学家精神的内涵，并探讨两者在融合过程中存在的差异与契合点，为新时代下企业的高质量发展提供理论支撑与实践指导。

**（一）企业家精神与科学精神的内涵界定**

企业家精神是商业领域中的核心驱动力，其内涵丰富且多元。首先，爱国精神是企业家精神的灵魂，它要求企业家在追求商业成功的同时，必须怀揣对国家和民族的崇高使命感，将个人奋斗融入国家发展大局。其次，创新精神是企业家精神的核心，它促使企业家不断挑战传统、突破常规，以创新意识引领企业不断前行。此外，诚信意识与社会责任也是企业家精神不可或缺的重要组成部分，它们要求企业家在追求经济利益的同时，必须坚守诚信原则，积极履行社会责任，为社会贡献正能量。最后，国际视野的具备，使企业家能够立足全球，统筹国内国际两个大局，积极参与全球竞争与合作，推动中国品牌走向世界。[①]

科学精神则是科学探索与技术创新领域的精神灯塔。首先，爱国主义精神是科学精神的基石，它激励科学家以科技报国为己任，为国家的繁荣富强贡献智慧与力量。其次，创新精神同样是科学家精神的灵魂，它驱使科学家不断探索未知、追求真理，以科技创新推动社会进步。再者，求实精神要求科学家在科研过程中坚持实事求是、严谨求实的态度，确保科研成果的真实性与可靠性。

---

① 马丽娜. 企业家精神助力企业高质量发展[N]. 中国社会科学报，2024-04-03（008）.

此外，奉献精神体现了科学家对科学事业的无限热爱与执着追求，他们不计个人得失，全身心投入科学研究，为人类的福祉贡献力量。最后，协同精神与育人精神强调了科学家之间的合作与传承，通过跨学科、跨领域的协作，以及科学精神的传承与弘扬，共同推动科学事业的蓬勃发展。

### （二）企业家精神与科学精神存在的差异

尽管企业家精神与科学精神在推动社会进步与经济发展方面发挥着重要作用，但两者在融合过程中仍存在明显的差异。

思想渊源的不同导致了两者在价值取向上的差异。企业家精神起源于商业实践，强调价值利益的驱动与对商业成功的追求；而科学精神则植根于科学探索，注重事实、探求真理，以科技创新为最高追求。这种思想渊源的差异使得两者在融合过程中难以找到共同的价值取向。

价值取向的不同也导致了两者在融合过程中的冲突与矛盾。企业家往往出于盈利价值观，倾向于维护商业利益、阻挠潜在竞争者或遏制相关技术发展，这与科学家追求科技创新、产品快速迭代升级的价值观产生冲突。这种价值取向的差异不仅阻碍了科技的创新与发展，也违背了科技强国的初衷。

商业与科技的价值取向差异还导致了企业内部矛盾的产生与发展。随着企业的快速发展与扩张，企业家可能会因为追求短期利益而损害企业的长远发展与创新能力；同时，科学家也可能因为过于追求学术成果而忽视企业的实际需求与市场竞争。这种内部矛盾的存在不仅影响了企业的整体竞争力与创新能力，也阻碍了企业家精神与科学精神的有效融合。

### （三）企业家精神与科学精神的契合点

尽管企业家精神与科学精神在融合过程中存在诸多差异与冲突，但两者并非完全对立、不可调和。事实上，两者在创新精神、求实精神等方面存在诸多契合点，为两者的融合提供了可能。

诺贝尔化学奖获得者达尼埃尔·谢赫特曼的言论为我们提供了启示：企业家与科学家之间存在密切联系，企业家精神能促进科学的发展与创新；同时，科学家也需要企业家的资金支持以推动科研活动的顺利进行。这一观点揭示了企业家精神与科学精神之间的内在联系与互补性。

## 二、企业家精神与科学精神融合路径的问卷调查

### （一）问卷的发放与回收

在本次调查中，总共发放了 1360 份问卷，经过仔细筛选和核对，最终回收 1030 份有效问卷，实现了 75.7% 的有效回收率。这一回收率不仅体现了调查的高效性，也确保了数据的充足性和代表性。调查的主要对象聚焦于企业的核心领导层，包括实际控制人、董事长以及 CEO 等高层管理人员，他们作为企业发展的决策者和执行者，在研究企业运营状况、发展战略等方面给出的答案具有极高的参考价值。

为了确保调查研究的科学性和真实性，在设计问卷时充分考虑了调查对象的多样性，特别设置了性别、年龄等关键特征变量。这些变量的引入有助于我们更全面地了解不同背景、不同属性的高层管理人员在企业经营中的看法和决策行为背后的原因，从而为分析提供更丰富的维度和视角。此外，为了保障受访者的隐私和调查的客观性，我们采取了匿名问卷的方式进行调查。这种方式不仅消除了受访者的顾虑，提高了问卷的填写质量，也确保了调查结果的公正性和可信度。在数据处理阶段，我们对回收的有效问卷进行了详细的统计和分析，形成了样本特征统计表（如表 5-1 所示）。

表 5-1 样本特征统计

| 变量 | 类别 | 样本 | 百分比（%） |
| --- | --- | --- | --- |
| 您的性别 | 男 | 48 | 46.60 |
| | 女 | 55 | 53.40 |
| 您的年龄 | ≤30 岁 | 23 | 22.33 |
| | 31~40 岁 | 31 | 30.10 |
| | 41~50 岁 | 39 | 37.86 |
| | 51~60 岁 | 9 | 8.74 |
| | >60 岁 | 1 | 0.97 |
| 您所在企业的成立年限 | <3 年 | 16 | 15.53 |
| | 3~5 年 | 11 | 10.68 |
| | 6~10 年 | 17 | 16.50 |
| | 11~20 年 | 14 | 13.59 |
| | >20 年 | 45 | 43.69 |
| 您所在企业是否涉及国际业务 | 是 | 45 | 43.69 |
| | 否 | 58 | 56.31 |

续 表

| 变量 | 类别 | 样本 | 百分比（%） |
|---|---|---|---|
| 您所在企业的行业分类为 | 农、林、牧、渔业 | 6 | 5.83 |
| | 采矿业 | 0 | 0.00 |
| | 制造业 | 27 | 26.21 |
| | 电力、燃气及水的生产和供应业 | 0 | 0.00 |
| | 建筑业 | 20 | 19.42 |
| | 交通运输、仓储和邮政业 | 1 | 0.97 |
| | 信息传输、计算机服务和软件业 | 4 | 3.88 |
| | 批发和零售业 | 7 | 6.80 |
| | 住宿和餐饮业 | 1 | 0.97 |
| | 金融业 | 1 | 0.97 |
| | 房地产业 | 2 | 1.94 |
| | 租赁和商务服务业 | 1 | 0.97 |
| | 科学研究、技术服务和地质勘查业 | 2 | 1.94 |
| | 水利、环境和公共设施管理业 | 0 | 0.00 |
| | 居民服务和其他服务业 | 3 | 2.91 |
| | 教育业 | 21 | 20.39 |
| | 卫生、社会保障和社会福利业 | 0 | 0.00 |
| | 文化、体育和娱乐业 | 7 | 6.80 |
| 您所在企业的发展阶段为 | 大型企业 | 25 | 24.27 |
| | 中型企业 | 37 | 35.92 |
| | 小型企业 | 34 | 33.01 |
| | 微型企业 | 7 | 6.80 |
| 您所在企业的单位性质为 | 国有企业 | 30 | 29.13 |
| | 民营企业 | 65 | 63.11 |
| | 外资企业 | 3 | 2.91 |
| | 合资企业 | 5 | 4.85 |

问卷采用5级制的李克特量表，表示程度的选项中1代表非常不同意，5代表非常同意，选项1~5程度依次加深。

## （二）问卷信效度检验

### 1. 信度检验

信度指的是采用同样的手段对同一对象进行重复测量时产生相同结果的程度，它意味着测量的稳定性、一致性及可靠性。采用克隆巴赫系数对调查问卷中的量表进行信度检验，如表 5-2 所示：

表 5-2　信效度分析

| 检验 | 基于标准化项的克隆巴赫 α |
|---|---|
| 可靠性统计 | 0.68 |

检验结果显示，α 系数为 0.68，认为研究变量的结构维度具有良好的内部一致性信度，说明问卷的项目设计是合理有效的，调查数据较为可靠。

### 2. 效度检验

效度检验指通过 KMO 和巴特利特检验，来验证各变量之间是否独立。检验结果如表 5-3 所示：

表 5-3　KMO 和巴特利特检验

| 检验 | | 结果 |
|---|---|---|
| KMO 取样适切性量数 | | 0.76 |
| 巴特利特球形度检验 | 近似卡方 | 92.70 |
| | 自由度 | 15 |
| | 显著性 | 0.00 |

表 5-3 结果显示，KMO 值大于 0.7，同时巴特利特球形度检验统计值的显著性概率小于 0.01，认为数据具有较好的效度。

## （三）问卷结果

### 1. 对企业家精神的重要度与了解程度的调查情况

不同年限企业对企业家精神重要度的看法，如表 5-4 所示：

表 5-4　关于对企业家精神的认同度

| 内容 | | | 您认为企业家精神是否重要 | | | 总计 |
|---|---|---|---|---|---|---|
| | | | 非常重要 | 比较重要 | 一般 | |
| 您所在企业的成立年限 | 3年以下 | 计数 | 13 | 3 | 0 | 16 |
| | | 占总计的百分比（%） | 81.25 | 18.75 | 0.00 | 100.00 |

续 表

| 内容 | | | 您认为企业家精神是否重要 | | | 总计 |
|---|---|---|---|---|---|---|
| | | | 非常重要 | 比较重要 | 一般 | |
| 您所在企业的成立年限 | 3～5年 | 计数 | 9 | 2 | 0 | 11 |
| | | 占总计的百分比（%） | 81.82 | 18.18 | 0.00 | 100.00 |
| | 6～10年 | 计数 | 13 | 3 | 1 | 17 |
| | | 占总计的百分比（%） | 76.47 | 17.65 | 5.88 | 100.00 |
| | 11～20年 | 计数 | 12 | 2 | 0 | 14 |
| | | 占总计的百分比（%） | 85.71 | 14.29 | 0.00 | 100.00 |
| | 20年以上 | 计数 | 45 | 0 | 0 | 45 |
| | | 占总计的百分比（%） | 100.00 | 0.00 | 0.00 | 100.00 |
| 总计 | | 计数 | 92 | 10 | 1 | 103 |
| | | 占总计的百分比（%） | 89.32 | 9.71 | 0.97 | 100.00 |

结果显示，不同企业的成立年限对企业家精神认同度具有较高的一致性，受试者的回答主要集中于"非常重要"，说明不管企业处于生命周期的何阶段，均认为企业家精神具有较高的重要性。

现有企业对企业家精神的内涵与特征的了解程度，如表5-5所示：

表5-5 关于企业家精神的内涵与特征的了解程度

| 内容 | | | 您所在企业是否涉及国际业务 | | 总计 |
|---|---|---|---|---|---|
| | | | 是 | 否 | |
| 您是否有接受过行业协会或者其他组织举办的企业家精神宣讲或参观学习 | 是 | 计数 | 29 | 25 | 54 |
| | | 占总计的百分比（%） | 28.20 | 24.30 | 52.50 |
| | 否 | 计数 | 16 | 33 | 49 |
| | | 占总计的百分比（%） | 15.50 | 32.00 | 47.50 |
| 总计 | | 计数 | 45 | 58 | 103 |
| | | 占总计的百分比（%） | 43.70 | 56.30 | 100.00 |

表5-5结果显示，52.5%的受访者接受过行业协会或其他组织举办的企业家精神宣讲或参观学习。涉及国际业务的企业接受相关培训的比例更高。总体来看，这一比例仍有待提高，需进一步加强对企业家精神的宣传。

2. 对科学精神融入企业家精神认同度的调查情况

对不同企业规模的受试者进行"具有企业家精神和科学精神的企业，才是具有真正投资价值的企业"的认同程度比较分析，结果如表5-6所示：

表5-6 对同时具备两种精神的企业才具有投资价值的认同程度

| 内容 | 企业规模 | 平均值 | 标准差 | $F$ | 显著性 |
|---|---|---|---|---|---|
| "具有企业家精神和科学精神的企业才是具有真正投资价值的企业"的认同程度 | 大型企业 | 4.64 | 0.57 | 0.97 | 0.41 |
|  | 中型企业 | 4.57 | 0.77 |  |  |
|  | 小型企业 | 4.41 | 0.82 |  |  |
|  | 微型企业 | 4.86 | 0.38 |  |  |
| 总计 |  | 4.55 | 0.72 |  |  |

从表5-6可以看出，不同公司规模的认同程度打分较为相似，不存在显著差异，打分均处在"较为同意"和"非常同意"之间。根据调查结果推测可知，两种精神的融合能够吸引更多的投资者，从而有助于满足企业的融资需求。

3. 对科学精神融入企业家精神切入点的调查情况

对受试者进行企业承担社会责任原因的调查，结果如表5-7所示：

表5-7 企业承担社会责任的原因调查

| 内容 | | | 企业承担社会责任的原因 | | | | | 总计 |
|---|---|---|---|---|---|---|---|---|
| | | | 法律法规规定 | 有助于提高企业声誉 | 有助于提升企业知名度 | 有助于提高股价等资本市场反应 | 企业的目标不仅是追求利益最大化 | |
| 所在企业的成立年限 | 3年以下 | 计数 | 8 | 10 | 8 | 6 | 11 | 16 |
| | | 占比(%) | 50.00 | 62.50 | 50.00 | 37.50 | 68.75 | |
| | 3~5年 | 计数 | 2 | 9 | 8 | 7 | 7 | 11 |
| | | 占比(%) | 18.18 | 81.82 | 72.73 | 63.64 | 63.64 | |
| | 6~10年 | 计数 | 5 | 14 | 12 | 10 | 14 | 17 |
| | | 占比(%) | 29.41 | 82.35 | 70.59 | 58.82 | 82.35 | |
| | 11~20年 | 计数 | 6 | 12 | 12 | 6 | 11 | 14 |
| | | 占比(%) | 42.86 | 85.71 | 85.71 | 42.86 | 78.57 | |
| | 20年以上 | 计数 | 14 | 36 | 32 | 13 | 31 | 45 |
| | | 占比(%) | 31.11 | 80.00 | 71.11 | 28.89 | 68.89 | |
| 总计 | | 计数 | 35 | 81 | 72 | 42 | 74 | 103 |
| | | 占比(%) | 33.98 | 78.64 | 69.90 | 40.78 | 71.84 | |

根据调查数据分析结果显示，有高达71.84%的受访者坚信，企业的终极目标并非仅仅局限于追求经济利益的最大化。为了更深入地探究这一观点，我们根据企业所处的不同生命周期阶段进行了细致的划分，并分析了各阶段企业

承担社会责任的主要动机。

对于成立时间不足 3 年的初创企业来说,它们承担社会责任的首要动机是为了提升企业声誉,这一比例达到了 62.5%。而随着企业逐渐成熟,进入 3~5 年、6~10 年、11~20 年以及 20 年以上的发展阶段,承担社会责任的动因呈现出更为多元化的特点。在这些阶段,提高企业声誉仍然是主要动机之一,占比分别为 81.82%、82.35%、85.71% 和 80%。与此同时,提升企业知名度也成为企业承担社会责任的重要考量因素,各阶段的比例分别为 72.73%、70.59%、85.71% 和 71.11%。

这一调查结果有力地证明了,企业在追求生存与发展的过程中,并非仅仅将目光局限于短期的经济利益,而是更加注重从多个维度推进社会的整体发展。承担社会责任,作为企业家精神与科学家精神融合的重要路径之一,不仅有助于塑造企业的良好形象,提升企业的社会认可度,更能够激发企业的创新活力,推动企业在实现经济效益的同时,也为社会的进步贡献自己的力量。

在哪些科学精神对企业发展具有意义的调查中,按照企业是否涉及国际业务进行区分,调查结果如表 5-8 所示:

表 5-8　何种科学精神对企业发展有意义(多选)

| 内容 | | | 爱国精神 | 奉献精神 | 协同精神 | 育人精神 | 创新精神 | 求实精神 | 艰苦奋斗精神 | 参与调查人数 |
|---|---|---|---|---|---|---|---|---|---|---|
| 所在企业是否涉及国际业务 | 是 | 计数 | 31 | 28 | 26 | 26 | 38 | 29 | 28 | 45 |
| | | 占比(%) | 68.89 | 62.22 | 57.78 | 57.78 | 84.44 | 64.44 | 62.22 | |
| | 否 | 计数 | 41 | 43 | 34 | 32 | 54 | 47 | 40 | 58 |
| | | 占比(%) | 70.69 | 74.14 | 58.62 | 55.17 | 93.10 | 81.03 | 68.97 | |
| 总计 | | 计数 | 72 | 71 | 60 | 58 | 92 | 76 | 68 | 103 |

表 5-8 的数据清晰地揭示了一个重要观点:不论企业是否涉足国际市场,其普遍认知中,科学精神中的创新精神都被视为推动企业发展的核心要素,所占的比例分别高达 84.44% 和 93.1%。这一发现不仅强调了科学精神在引领企业创新发展中的关键作用,也与我国当前积极推行的创新发展战略紧密相连,体现了企业对这一战略的高度认同和积极响应。

进一步的调查结果显示，受访者们广泛认为，科学家的爱国情怀、奉献精神、协同合作、教育培养、实事求是以及艰苦奋斗等多方面的精神品质，均对企业的发展具有深远的积极影响，这些选项的选择人数均超过了半数。这充分说明了科学精神的丰富内涵在推动企业进步中的重要作用，也为企业家精神与科学精神的深度融合提供了坚实的实践基础。

基于这些发现，我们可以明确地将促进企业创新视为企业家精神与科学精神交汇融合的重要节点。未来政策制定应更加注重引导企业加大创新投入，提升创新产出效率，充分发挥企业在市场中的创新主体作用。同时，也应积极推动科学精神的其他优秀内容融入企业家精神之中，助力新时代企业家精神的转型升级，为企业的持续健康发展注入新的活力和动力。这一方向不仅符合企业发展的实际需求，也是推动我国经济高质量发展、实现创新驱动发展战略的重要路径。

### 三、企业家精神与科学精神融合的发展路径及策略性建议

在深入探索科学精神如何有效融入企业家精神，以进一步推动浙江企业实现高效发展的研究过程中，我们基于国内外现有的研究成果及实践现状，采用了问卷调查与实地访谈相结合的实证研究方法。通过这一综合分析方法，我们不仅可以深入剖析企业家精神与科学精神在融合后对企业经济发展的显著助推作用，还能够通过实地走访浙江多家企业，有效弥补单一定性分析可能存在的局限性，从而确保研究数据的全面性、科学性与准确性。

研究发现，在当前新的历史发展阶段，浙江省的企业家精神在复杂多变的市场环境与企业间价值创造的相互驱动中，逐渐凝练出了一系列核心要素：爱国精神体现了企业家对国家和民族的深厚情感与责任担当；创新精神则是企业家不断追求卓越、勇于突破的核心动力；诚信意识构建了企业家的商业道德基石；社会责任彰显了企业家对社会的回馈与贡献；而国际视野则反映了企业家在全球化背景下的战略眼光与开放心态。这些精神财富不仅为浙江省内企业的快速发展提供了强大的精神支撑，也为后发企业的崛起树立了宝贵的典范。

与此同时，结合当前我国的国情与时代特征，科学精神同样被赋予了新的内涵：爱国精神激励着科学家为国家科技进步贡献智慧与力量；创新精神是科学研究的灵魂，推动科学不断向前发展；求实精神强调科学研究的客观性与真实性；奉献精神体现了科学家对科学事业的执着追求与无私奉献；协同精神倡导跨

学科、跨领域的合作与交流；育人精神则强调了科学家在培养后辈、传承科学精神方面的重要作用。尽管企业家精神与科学精神在思想渊源、价值取向与发展周期等方面存在诸多差异，但二者在追求卓越、勇于创新、承担社会责任等方面却展现出了高度的共性与互补性。

正是基于这种共性与互补性，我们将科学精神中的奉献、育人、协同等精神要素有机嫁接到浙江企业家精神中，旨在形成一种更加适应当前经济发展趋势、更具竞争力的精神合力。这种精神合力，不仅是推动浙江经济高质量发展的重要精神支柱，也是实现科技创新与产业升级深度融合的关键所在。

为了实现企业家精神与科学精神的有效融合，我们提出以下策略性建议：

### （一）充分发掘并发挥企业家个人特质的积极作用

企业家作为企业的核心领导者与决策者，其个人特质对企业的发展方向与战略选择具有决定性影响。因此，在推动企业家精神与科学精神融合的过程中，应充分挖掘并发挥企业家的个人特质，特别是其敏锐的市场洞察力、国际化的视野、系统化的思维模式以及强烈的社会责任感。企业家应不断提升自身的综合素质，勇于面对挑战，敢于攻坚克难，以科学的态度和方法应对市场变化，不断推动企业实现创新发展。

同时，企业家还应积极倡导并践行科学精神中的求实、创新与协同等核心理念，将这些理念融入企业的日常经营与管理中，形成独特的企业文化。通过企业家的示范引领作用，激发全体员工对科技创新的热情与追求，共同推动企业的科技进步与产业升级。

### （二）着力营造有利于融合的制度环境与文化氛围

政府相关部门在推动企业家精神与科学精神融合的过程中，应发挥积极的引导作用，为企业创造良好的制度环境与文化氛围。一方面，要进一步深化"放管服"改革，简化审批流程，提高服务效率，为企业提供更加便捷、高效的政务服务。同时，要加强知识产权保护力度，完善相关法律法规体系，为企业的科技创新提供有力的法律保障。

另一方面，政府还应积极倡导并推动形成尊重劳动、尊重知识、尊重人才、尊重创造的良好社会氛围。通过举办各类科技创新活动、设立科技创新奖励基金等方式，激发全社会的创新热情与活力。此外，政府还可以与高校、科研机构等建立紧密的合作关系，共同培养具有创新精神、求实精神与协同精神的复合型人才，为企业的创新发展提供源源不断的人才支持。

### （三）坚持因地制宜、量体裁衣的融合原则

由于不同地区在地域文化、经济发展水平、产业结构等方面存在差异，因此企业家精神与科学精神的融合也应坚持因地制宜、量体裁衣的原则。浙江作为改革开放的前沿阵地，其企业家精神具有鲜明的地域特色与时代特征。在推动融合的过程中，应充分挖掘浙江的地域文化资源，结合当地企业的实际情况与发展需求，制定切实可行的融合方案。

同时，还应注重发挥浙江企业在技术创新、产业升级等方面的优势，通过搭建产学研合作平台、推动科技成果转化等方式，促进企业家精神与科学精神的深度融合。此外，还应加强与国际先进企业的交流与合作，借鉴其成功的经验与做法，不断提升浙江企业的国际竞争力与影响力。

### （四）构建全方位、多层次的融合体系

为了实现企业家精神与科学精神的有效融合，还需构建全方位、多层次的融合体系。

要加强企业家与科学家之间的沟通与交流，建立常态化的合作机制与平台。通过定期举办论坛、研讨会等活动，促进双方的了解与信任，为融合奠定坚实的基础。

要构建共同的价值体系与取向，将科技创新与商业成功相结合，作为双方共同追求的目标。通过制定科学合理的激励机制与分配制度，激发企业家与科学家的创新热情与积极性，实现科技与经济的协同发展。

要加强企业内部的文化建设与制度建设，营造有利于融合的企业文化与制度环境。通过制定企业文化纲领、开展员工培训等方式，将企业家精神与科学精神融入企业的日常经营与管理中，形成独特的企业文化品牌。

要加强人才培养与引进工作，特别是要培养具有创新精神、求实精神与协同精神的复合型人才。通过设立专项基金、提供优惠政策等方式，吸引更多优秀人才投身企业的科技创新与产业升级中，为企业的持续发展提供有力的人才支撑与智力支持。

企业家精神与科学精神的融合是推动企业高质量发展的必然趋势与重要路径。在新时代的伟大征程上，我们应充分发挥企业家与科学家各自的优势与特长，通过加强沟通与交流、构建共同价值体系、营造良好制度环境与文化氛围、

坚持因地制宜原则以及构建全方位多层次融合体系等方式，不断推动企业家精神与科学精神的深度融合与协同发展，为浙江乃至全国的经济高质量发展贡献更多的智慧与力量。

# 第六章　数字经济背景下中国企业家精神与科学精神融合发展保障

在数字经济浪潮的席卷之下，企业家精神与科学精神的交相辉映成为驱动经济社会发展的新引擎。为确保这一融合趋势得以持续深化，构建一套完善的保障体系显得尤为重要。在企业家精神的培育上，需通过政策引导，激发企业家的创新精神与冒险意识，为他们的成长提供肥沃土壤。企业文化建设亦不可忽视，应倡导科学理性与开放包容的企业文化，为企业家与科学家的携手合作搭建桥梁。数字经济激励政策的出台，将为企业研发创新提供强大动力。创建多元化创新平台，促进产学研用深度融合，为企业家精神与科学精神的碰撞提供广阔空间。通过这些综合保障措施，我们方能更好地推动企业家精神与科学精神在数字经济背景下的深度融合，共同擘画数字经济发展的新蓝图。

## 第一节　企业家精神的培育和政策保护
### ——以家族企业为例

在数字经济时代背景下，企业家精神作为推动经济社会发展的重要动力源，其培育与保护显得尤为关键。党中央、国务院高瞻远瞩，出台了《关于营造企业家健康成长环境弘扬优秀企业家精神更好发挥企业家作用的意见》（以下简称《意见》），为新时代企业家精神的培育与保护提供了政策框架与行动指南。本节从政府视角出发，深入探讨如何依法加强企业家财产保护、形成促进企业家公平竞争的市场环境、健全企业家诚信经营激励约束机制以及营造家族企业创新创业的良好氛围，以期为企业家精神与科学精神的深度融合提供坚实的制度保障。

## 一、依法加强企业家财产保护

企业家财产的安全是企业家精神得以充分发挥的前提。产权保护作为市场经济的基础，对于维护企业家信心、激发企业家创新创业活力具有不可替代的作用。《意见》明确指出，要"营造依法保护企业家合法权益的法治环境"，具体包括依法保护企业家财产权、创新权益及自主经营权。这三项措施是构建法治化营商环境的基石，对于家族企业而言尤为重要。

家族企业作为中国经济的重要组成部分，其产权保护问题直接关系到企业家的投资意愿与长期发展策略。若家族企业的产权得不到有效保护，企业家可能会因担忧财产安全而选择将资金转移至国外，导致国内创新创业活动的减少，企业家精神难以有效发挥。因此，政府应依法保护企业家财产，确保家族企业创始人的财产安全，使其能够安心投入企业的经营管理，实现家族企业的可持续发展。

政府在与家族企业签订民事合同时，应严格遵守契约精神，不得以政府换届或换领导者等理由违约，更不能将公权力凌驾于法治之上。通过维护政商环境的稳定性，增强企业家的投资信心，激发其创新创业的活力。此外，政府还应加强对企业家财产权的司法保护，建立健全企业家权益救济机制，确保企业家在遭遇侵权行为时能够得到及时有效的法律救助。

## 二、形成公平竞争的市场环境

公平竞争是市场经济的核心原则，也是激发企业家精神的关键所在。《意见》强调，要营造促进企业家公平竞争、诚信经营的市场环境，确保各种所有制经济依法依规平等地使用生产要素、公开公正地参与市场竞争、同等地受到法律保护。

在家族企业群体中，由于规模、资金、技术等方面的差异，中小企业往往面临更为激烈的竞争环境。因此，政府应依法清理、废除一切妨碍统一大市场、影响市场公平竞争的各种规定和做法，为家族企业提供更加公平的市场竞争环境。同时，国家和地方政府在建设工程项目招标投资过程中，应进一步阳光化操作，确保所有符合条件的家族企业都能公平参与竞争，避免因信息不对称或权力寻租而导致的不公平现象。

此外，政府还应加大对市场不正当竞争行为的监管与打击力度，特别是针对家族企业中的中小企业，要建立健全反不正当竞争机制，依法惩治各类市场垄断、商业贿赂、虚假宣传等违法行为，维护市场秩序与公平竞争的环境。通过构建公平竞争的市场环境，激发家族企业企业家的冒险精神、市场开拓精神和拼搏精神，推动其不断提升自身才能与重组生产要素的能力。

### 三、健全诚信经营激励约束机制

诚实守信是市场经济的基本准则，也是企业家精神不可或缺的精神内涵。《意见》提出，要健全企业家诚信经营激励约束机制，持续提高监管的公平性、规范性和简约性。这一举措对于构建信用经济体系、维护市场秩序具有重要意义。

在家族企业中，诚信经营不仅是企业长远发展的基石，也是企业家个人品德与职业素养的体现。政府应加强对家族企业诚信经营的引导与监管，建立健全企业信用评价体系与失信惩戒机制。对于那些诚信经营、业绩突出的家族企业及其企业家，政府应给予表彰与奖励，树立行业标杆与典范；而对于那些违背诚信原则、存在违法违规行为的企业及个人，则应依法依规进行惩处与曝光，起到有效的震慑与警示作用。

同时，政府还应加强信用监督与社会监督的有机结合，充分利用大数据、云计算等现代信息技术手段，构建全面覆盖、动态更新的企业信用信息数据库。通过信息共享与互联互通，实现对家族企业信用状况的实时监测与评估，为市场交易提供可靠的信用依据。此外，政府还应加强对企业家诚信文化的培育与宣传，引导企业家树立正确的价值观与经营理念，将诚信经营内化为企业的核心竞争力与企业文化的重要组成部分。

### 四、营造家族企业创新的良好氛围

创新精神是企业家精神的核心体现，也是推动家族企业持续发展的重要动力。《意见》强调，要营造尊重和激励企业家干事创业的社会氛围，为家族企业企业家精神的发挥提供有力支持。

政府应完善对家族企业企业家的容错机制。在创新创业过程中，难免会遭遇挫折与失败。政府应给予家族企业企业家更多的理解与支持，特别是对于那些在新产品试制、新管理营销等方面勇于尝试但暂时遭遇困难的企业家，要给予更多的关注与帮助。通过建立健全容错纠错机制，鼓励企业家敢于创新、勇于担当，不断激发其创新创业的活力与激情。

政府应拓宽家族企业企业家参与国家政治生活和管理社会公共事务的渠道。企业家作为社会精英群体的一个重要组成部分，具有丰富的实践经验和敏锐的市场洞察力。政府应充分发挥企业家的这一优势，邀请其参与政策制定、行业规划等决策过程，为经济社会发展贡献智慧与力量。同时，通过参政议政的方式，企业家也可以更好地了解政策与市场需求之间的契合点，为家族企业的发展提供更为广阔的空间与机遇。

政府应加强对家族企业企业家的正面宣传报道。在信息时代背景下，舆论环境对企业家精神的影响日益显著。政府应加强对家族企业企业家正面事迹的宣传与推广，树立企业家群体的良好形象与声誉。通过正面典型的示范引领作用，激发更多企业家投身创新创业的浪潮之中，为家族企业的传承与发展注入新的活力。

依法加强企业家财产保护、形成促进企业家公平竞争的市场环境、健全企业家诚信经营激励约束机制以及营造家族企业创新创业的良好氛围是政府培育与保护企业家精神的重要举措。通过这些措施的实施与落实，可以为企业家精神的发挥提供坚实的制度保障与良好的社会环境，推动家族企业乃至整个经济社会的持续健康发展。

## 第二节　企业文化建设与科技创新发展

企业文化是企业发展的灵魂和精神支柱，它不仅影响着企业内部的工作氛围和员工的价值观，还对企业的外部形象和竞争力产生深远影响。在快速变化的市场环境中，加强企业文化建设，促进企业创新性发展，已经成为企业持续成长和保持竞争优势的重要途径。构建开放、包容、理性、多元、务实的企业文化体系，也是促进企业家精神和科学精神融合的重要保障。

### 一、现代企业文化体系建设

#### （一）制定系统科学的文化战略

文化建设应与企业的发展战略相结合，贯穿于企业的各个层面和环节。通过系统的规划和实施，确保文化建设取得实效。制定系统科学的文化战略，是企业构建独特且高效的企业文化体系的基础。这一战略不仅是对企业文化理念的宏观规划,更是将文化理念转化为实际行动的详细蓝图。

企业需明确文化建设的长远目标,这些目标应当紧密围绕企业的核心价值观、使命与愿景,旨在通过文化建设提升团队凝聚力、激发创新活力、树立品牌形象,进而推动企业持续健康发展。

详细规划文化建设的内容至关重要。内容应涵盖企业倡导的核心价值观、行为准则、管理理念、工作环境等多个维度,确保文化的全面性和深入性。同时,要充分考虑员工的实际需求与期望,让文化成为连接员工与企业的情感纽带。

在实施步骤上,企业应分阶段、分层次地推进文化建设。初期,通过高层宣讲、内部培训等方式,让全体员工深刻理解企业文化的内涵与重要性;中期,结合企业日常运营,将文化理念融入管理制度、工作流程、绩效考核等各个环节,确保文化的落地生根;后期,则需建立持续的文化评估与改进机制,根据市场变化、员工反馈等因素,不断调整优化文化战略,确保文化建设始终与企业发展保持同步。

通过系统科学规划与实施,企业文化不仅能够成为企业发展的内在动力,还能在激烈的市场竞争中,为企业赢得独特的竞争优势,助力企业实现长远发展的目标。

## (二)培养创新精神和开放思维

创新是企业持续发展的动力源泉。企业应通过文化建设,培养员工的创新精神和开放思维。创新不仅关乎产品、服务的迭代升级,更是一种思维方式的革新,它要求员工不断突破传统框架,勇于探索未知领域。因此,企业需通过文化建设,深深植根创新理念于员工心中。

企业应积极营造一种鼓励尝试、敢于冒险的工作氛围。通过设立创新奖励机制,对提出新颖想法和创意的员工给予物质与精神双重奖励,激发员工的创新热情。同时,组织定期的创意研讨会、头脑风暴会,为员工提供展示和交流创新思维的平台,让创意的火花在碰撞中不断迸发。

企业应建立一套完善的容错机制。创新之路充满未知与挑战,失败和错误在所难免。企业应明确,失败并非终点,而是通往成功的必经之路。因此,对于在创新过程中犯错误的员工,企业应给予足够的宽容和理解,甚至可以通过设立"创新失败基金",为员工提供多次尝试的机会。这种容错机制不仅保护了员工的创新积极性，更让企业在试错中不断积累经验，为未来的成功奠定坚实的基础。

通过一系列文化建设措施，企业能够培养出一支具备创新精神、敢于开放思维的团队，为企业的持续发展注入源源不断的活力，助力企业在激烈的市场竞争中脱颖而出，也为企业家精神和科学精神融合提供了保障。

### （三）营造包容和多元的文化氛围

企业文化应具有包容性和多元性，尊重不同背景、不同观点的员工。企业文化的包容性和多元性对于激发员工潜能、推动企业创新发展发挥着不可估量的作用。一个真正强大的企业，必然是一个能够容纳百川、汇聚众智的集体。

企业应着力营造一个多元包容的工作氛围，不仅要尊重每一位员工的个性和差异，更要积极鼓励员工表达自己的观点和想法，无论这些观点是否与传统观念相符，无论这些想法是否成熟完善。在这样的文化氛围下，员工能够感受到被平等对待和尊重，从而更加自由地发挥创造力。不同的思想在这里交汇碰撞，激发出新的灵感和火花，为企业的创新发展提供源源不断的动力。

同时，包容和多元的文化氛围还有助于吸引和留住更多优秀人才。在当今人才竞争激烈的市场环境下，一个充满活力和包容性的企业文化往往能够成为吸引人才的重要因素。因此，企业应不断加强文化建设，努力营造一个让每一位员工都能找到归属感、实现自我价值的包容和多元的文化氛围，为企业的长远发展奠定坚实的基础。

### （四）强化文化落地和实践

企业文化建设并非空中楼阁，而需深深植根于企业的日常运营与员工行为之中。务实精神是企业文化的核心要素，企业必须将企业文化从抽象的理念转化为具体可操作的规范与准则，确保每一位员工都能在工作中切实践行企业文化。

企业需将文化理念细化为一系列明确的行为准则和操作规范。这些准则和规范应涵盖员工工作的方方面面，从服务态度到团队协作，从创新思维到执行力提升，都应有所体现。通过培训、宣讲等多种方式，让员工深刻理解并内化这些准则和规范，使其成为指导日常工作的行动准则。

同时，为确保文化建设的持续性和实效性，企业应建立一套完善的文化考核机制。将文化建设纳入员工的绩效考核体系，通过定期的评估和反馈，检验员工在文化践行方面的表现。这种机制不仅有助于激发员工践行企业文化的积极性，更能帮助管理者及时发现并纠正文化建设过程中存在的问题，确保企业文化建设始终沿着正确的方向前进。

## 二、现代企业科技创新战略和趋势

创新是企业家精神和科学精神的交汇点,加强企业科技创新,是企业家精神和科学精神融合的重要保障。

### (一)企业创新的基本战略

1. 模仿创新战略

模仿创新战略是指创新主体(企业)通过学习模仿率先创新者的方法,引进、购买或破译率先创新者的核心技术和技术秘密,并以其为基础进行改进创新。模仿创新是各国企业早期发展普遍采用的创新行为。第二次世界大战以后,日本经济一片萧条,但通过购买欧洲国家的技术专利,使得日本企业的核心竞争力日益增强。企业创新专家指出,创新模仿比那些开创者更能领会创新对于顾客的意义,更贴近顾客的心理,因而可以做一些对顾客更有价值的改进。日本在这方面是"优等生"。他们对借鉴来的原始产品技术进行后续的技术改造,使新产品中融入了新的特性,从而更易于解决顾客的难题,更加符合顾客的需求。例如,日本公司把贝尔公司发明的半导体专利引进本国后,迅速开发出各种电子产品,如收音机等。美国人觉得很吃惊,结果发现其核心技术还是自己的。

进行自主创新要考虑到国家或者企业的现实状况,而模仿创新有很重要的实际利益,模仿创新具有低投入、低风险、市场适应性强的特点,其在产品成本和性能上也具有更强的市场竞争力,成功率更高,耗时更短。今天,大多数中国的企业还处于成长阶段,模仿创新无疑是一条捷径,但最重要的是创新而不是单纯的模仿。模仿创新的主要缺点是被动性,在技术开发方面缺乏超前性,当新的自主创新高潮到来时,就会处于非常不利的境地。另外,模仿创新往往还会受到率先创新者技术壁垒、市场壁垒的制约,有时还面临法律、制度方面的阻碍,如专利保护制度往往被率先创新者作为阻止模仿创新的手段之一。

2. 合作创新模式

合作创新模式是指企业与企业之间,或企业与科研机构、高等院校之间联合开展创新活动的做法。合作创新一般集中在新兴技术和高科技领域,以合作研究开发为主。由于全球技术创新的加快和技术竞争的日趋激烈,企业技术问题的复杂性、综合性和系统性日益突出,依靠单个企业的力量越来越困难。因此,利用外部力量和创新资源,实现优势互补、成果共享,已成为技术创新的必然趋势。合作创新有利于优化创新资源的组合，缩短创新周期，分摊创新成本，分散创新风险。合作创新模式的缺点在于：企业不能独占创新成果，无法获取绝对垄断优势。

3. 自主创新战略

自主创新模式是指创新主体以自身的研究开发为基础，实现科技成果的商品化、产业化和国际化，获取商业利益的创新活动模式。自主创新具有率先性，通常率先者只能有一家，其他的都只能是跟随者。自主创新所需的核心技术来源于企业内部的技术积累和突破，技术创新后续过程也都是通过企业自身知识与能力支持实现的。自主创新作为率先创新，具有一系列优点：

（1）在一定程度上左右行业的发展。由于自主创新产品初期都处于完全独占性垄断地位，有利于企业较早建立原料供应网络和牢固的销售渠道，从而获得超额利润。

（2）一些技术领域的自主创新往往能引发后续一系列的技术创新，带动一批新产品的诞生，推动新兴产业的发展。

（3）有利于创新企业更早积累生产技术和管理经验，获得产品成本和质量控制方面的经验。

但是，自主创新模式也有自身的缺点，需要巨额的投入，不仅要投巨资于研究与开发，还必须拥有实力雄厚的研发队伍，具备一流的研发水平。同时，不仅产品开发时间长，不确定性大，融入市场的难度也不小，除了资金投入多、时滞性强，市场开发投入收益也较易被跟随者无偿占有。在一些法律不健全、知识产权保护不力的地方，自主创新成果有可能面临被侵权的危险，因而自主创新具有极高的风险性。

**（二）现代企业创新的趋势**

现代社会是一个复杂的社会结构，更多的创新不再停留在传统社会那种小发明、小改进的层面，而呈现出越来越复杂的趋势——往往是多种创新的综合。当今企业创新主要表现为三大趋势：

创新的难度越来越大。以技术创新为例，随着越来越多的外国企业和大型跨国公司进入我国市场，同时我国国内个私经济、民营经济、股份制经济等多种经济成分的企业快速发展，使企业面对的竞争对手越来越多，他们不仅要与国内企业进行竞争，还要与国外企业和大型跨国公司进行竞争，竞争对手的实力越来越强。与此同时，用户的需求呈现出越来越多样化和个性化的特征，要求也越来越高。在这种情况下，技术创新的难度越来越大，投入越来越大，风险也越来越大。以信息技术、生物技术和新材料技术等为代表的新技术革命方兴未艾，技术创新的速度和技术传播的速度大大加快，使得企业产品生产和服务中所包含的知识和技术含量越来越高。此外，随着我国的知识产权保护法律和制度越来越完善，靠简单模仿他人的技术提升自己的技术水平越来越行不通了，企业越来越需要具有自主创新能力。再者，要在快速变化的市场上实现技术创新的市场价值，必须考虑技术创新的时效性，因此企业必须具有快速进行技术创新的能力。由于技术创新投资的风险比较大，传统的金融企业如银行因为要规避投资风险，往往不愿意在技术创新环节进行投资。因此，20世纪90年代，为了促进高新技术的发展，美国出现了风险投资产业。

创新的合作程度越来越高。在传统工业经济中，竞争往往被理解为彼此的排斥。而在知识经济时代，企业不仅要运用组织内部的知识，而且要有效地运用外部的知识。相应地，企业与外界的合作越来越广泛。这就是知识经济时代的特征，竞争往往被赋予了多领域多部门合作、依存、互补的广泛内涵，通过合作、依存、互补，实现超地域、超空间、大范围的市场渗透，以占取更广泛的市场和更大的份额，并取得竞争优势。竞争对手与合作伙伴之间的界限越来越模糊，两个企业在某一项目上是竞争对手，而在另一个项目上则可能是合作伙伴。今天，创新战略联盟是一个新的发展趋势。战略联盟是由两个或两个以上有着对等经营实力的企业，出于对整个市场的预期和企业总体经营目标、经营风险的考虑，为达到共同拥有市场、共同使用资源和增强竞争优势等目的，通过各种协议而结成的优势互补、风险共担的松散型组织。它既包括从事类似活动的公司之间的联合，也包括从事互补性活动的公司之间的合作；既可以采取股权形式，也可以采取非股权形式；既可以强强联合，也可以强弱联合。

创新的国际化程度越来越高。研究开发和技术创新活动全球化在20世纪80年代有了初步的进展，20世纪90年代后取得了新的突破，成为经济全球化的一个新的重要特征。由于现代科学技术特别是高科技具有高度的复杂性和综合性，任何个人、企业或者单个国家，都不可能垄断性地占有全部科学技术知识和完成技术创新的全过程，不得不通过国家之间、企业之间的科技交流与合作，来增加本国的科技知识储备，促进本国的技术创新。科技的飞速发展、科技成果在国际上的传播、技术创新链条在全球的延伸，已越来越超越各国间有形边界的限制，技术创新全球化成为日益普遍的现象。一般来说，研究开发和技术创新全球化最直接的动力来自企业的跨国经营。随着跨国公司国际化生产和经营水平的不断提高，必然要求在全球范围内进行创新资源的配置，以加快创新速度，降低创新成本，增强国际竞争力。

## 第三节　数字经济政策与企业数字化转型

在当今全球经济一体化与信息技术飞速发展的背景下，数字经济已成为驱动经济增长的新引擎，其重要性不言而喻。随着大数据、云计算、人工智能等前沿技术的不断革新，企业数字化转型已成为提升竞争力、实现可持续发展的必由之路。为顺应这一时代趋势，政府应积极出台数字经济政策，为企业数字化转型提供有力支持。这些政策不仅要聚焦于技术创新与产业升级，更要关注企业数字化转型过程中的实际需求与面临的挑战，如数据安全、人才短缺、资金投入不足等。通过制定科学合理的政策，政府可以引导企业有效利用数字资源，优化生产流程，提升产品与服务质量，进而增强市场竞争力。

### 一、构建数字经济政策体系

随着信息技术的迅猛发展，数字经济已成为全球经济增长的新引擎和转型升级的重要驱动力。为了充分把握数字经济发展机遇，提升国家竞争力，加强数字经济政策的制定与构建完善的数字经济政策体系显得尤为重要。

**（一）明确数字经济政策目标**

在制定数字经济政策时，首要任务是明确政策目标。这包括促进数字技术的创新与应用，推动数字经济与实体经济深度融合，提升数字产业化和产业数字化水平，加强数字基础设施建设，保障数据安全和个人隐私，以及促进数字经济国际合作等。明确的目标将为政策制定提供清晰的方向和指引，确保政策的有效性和针对性。

**（二）完善数字经济政策框架**

构建数字经济政策体系需要完善政策框架，形成多层次、全方位的政策网络。这包括制定数字经济发展规划，明确数字经济发展的战略方向、重点任务和阶段性目标；出台数字经济产业政策，支持数字产业创新发展，推动传统产业数字化转型；加强数字基础设施建设，提升网络、数据、算力等基础设施水平；完善数据安全和个人隐私保护政策，建立健全数据安全治理体系；制定数字经济国际合作政策，加强与其他国家在数字经济领域的交流与合作。

### （三）强化政策协同与落地实施

数字经济政策的制定与实施需要各部门、各地区的协同配合。要加强政策之间的衔接与协调，避免政策冲突和重复建设。同时，要注重政策的落地实施，确保政策能够真正转化为推动数字经济发展的实际行动。这包括建立健全政策执行机制，明确责任分工和时间节点，加强政策宣传与解读，提高政策知晓度和执行力。

### （四）推动数字经济创新发展

创新是数字经济发展的核心动力。在制定数字经济政策时，要注重激发创新活力，推动数字技术创新与产业创新。这包括加大对数字技术研发的投入，支持关键技术的突破和成果转化；鼓励企业加强创新合作，形成产学研用协同创新的良好生态；推动数字产业新业态新模式发展，拓展数字经济的应用场景和市场空间。

### （五）加强数字经济治理与监管

随着数字经济的快速发展，加强治理与监管成为必然要求。在制定数字经济政策时，要注重建立健全数字经济治理体系，提升治理能力和水平。这包括完善数字经济法律法规体系，为数字经济发展提供法治保障；加强数字市场监管，维护市场秩序和公平竞争；推动建立数字经济国际合作机制，共同应对全球性挑战和问题。

## 二、企业数字化转型的模式

在数字经济蓬勃发展的当下，企业数字化转型已成为提升核心竞争力、实现可持续发展的关键路径。这一过程并非凭空产生，而是数字技术与企业业务深度融合后自然涌现的新经济现象。它遵循着从无到有、由低至高、从被动融合到主动驱动的递进规律。深入剖析这一历程，可以归纳出企业数字化转型的四种基本模式：赋能、优化、转型与再造，它们共同构成了企业数字化转型的完整脉络。

## （一）赋能

赋能指利用数字技术为传统生产要素注入数字活力，显著提升生产效能，为企业创造新价值。作为数字化转型的初级阶段，赋能不仅必要，而且至关重要。它通过实践培育企业的数字化文化，增强员工的数字化素养和对转型的信心。

1. 设备赋能

传统设备如设施、生产装置等，往往缺乏数字化能力，如联网、感知等，需依赖人工巡检。而通过加装数字仪表、传感器及联网设备，可彻底改变这一模式。例如，智能电表实现了远程购电，提高了服务效率。设备赋能不仅节省了人力，还改变了生产组织模式，推动了业务转型。

2. 产品赋能

数字化赋能产品，可为其增添新功能，提升价值，为用户带来全新体验，同时为企业创造更多收益。白色家电的数字化赋能是典型应用，如智能空调可遥控开关，提前调节室内温度；智能冰箱能监测食物储备，提醒使用者及时购买。此外，数字化产品还便于企业实施预知性维修，优化售后服务模式。

3. 员工赋能

数字技术武装员工，可减轻劳动强度，提高生产效率，改变组织与管理方式。如同现代战争中的单兵作战系统，数字化员工成为独立作战单元，能够实时接收指令，高效协同作战。同时，数字技术还能监控员工工作状态，确保任务高质量完成。

4. 团队赋能

团队赋能是员工赋能的升级，通过数字技术将团队成员紧密连接，实现高效远程协作。物联网、卫星定位、传感器等技术的应用，使团队协作跨越时空限制，大幅提升工作效率。

赋能模式以其规模小、易操作、风险低、见效快的特点，成为企业数字化转型的理想选择。它虽呈"点状"分布，但多点并行，能迅速形成"面状"价值，为企业数字化转型奠定坚实基础。

## （二）优化

优化是智慧生命的基本能力，在企业生产中尤为重要。数字化时代，应基于数字模型而非个人经验进行优化，实现精准决策，获取"卡边"效益及新价值。

1. 优化无处不在

从会议安排、出差调度到生产班组配置，从仓储布局到配送方案，企业生产经营的每个环节都需优化。数字化为优化提供了可能，使原本难以实现的优化成为可能，凸显了数字化转型的迫切性和必要性。

2. 数字化优化流程

优化通常针对业务流程，在数字化基础上利用建模技术进行。它可在部分或全流程上展开，实现资源配置最优化，包括人力、设备、原材料等。优化显著降低了成本，提高了效率。

以数字化炼化企业为例，其生产不再受限于上级指标，而是根据市场价格动态调整产品结构，实现"市场—生产"一体化优化。这种动态调整能力，正是数字化优化的生动体现。

优化模式通常具有"线状"特征，如流水线、装配线、物流配送等。成功的优化能带来巨大经济效益，尤其在物流领域。优化需较高的数字化水平、数据积累、建模能力和算力支持，是企业降本增效的关键手段。

## （三）转型

转型是数字化转型的原始形态，它使传统业务通过数字化技术赋能，实现轻松转身，释放巨大能量。

转型不仅是技术层面的变革，也是业务模式的重塑。它使原本"转不动"的传统业务焕发新生，创造额外价值。云计算是传统计算能力转型的成功典范，亚马逊云的成功即为例证。

亚马逊为满足圣诞购物高峰需求购置大量服务器，但节后闲置。通过虚拟技术，亚马逊将闲置服务器"池化"为计算单元出租，不仅盘活了资产，还催生了云计算产业。这种技术加商业模式的创新，使亚马逊成功转型为云计算服务商。

转型具有"面状"特征，通常覆盖完整的业务单元，易于服务化，易于找到用户并打开新市场。如中国石化物资采购部门的数字化转型，通过电子商务平台将采购能力转化为可交付的服务，为企业带来新的利润增长点。

## （四）再造

再造是数字化转型的高级阶段，也是传统企业向数字化企业转型的关键环节。它包括两种类型：内部生产关系再造和跨界商业模式再造。

1.内部生产关系再造

再造旨在使企业内部生产关系与数字化生产力相适应,主体可以是独立的业务单元或企业整体。通过再造,企业焕发青春,数字化生产力得到充分释放。这种再造保留了业务本质,但摒弃了传统组织架构。

2.跨界商业模式再造

再造还意味着打破企业边界,通过并购、融合、创新等跨界方式实现商业模式的重塑。这要求企业逐渐抛弃或转变原有核心业务,寻求新的盈利模式。如传统零售商向电商转型,或制造企业向服务型制造企业转型。

3.再造的模式与路径

再造模式可视为数字化转型的高级阶段,但并非必须依次完成。不同业务单元可能处于不同转型阶段,形成多种模式并存的局面。企业应根据自身情况,制定清晰的数字化转型路线图,明确主攻方向,快速取胜。

企业数字化转型的四种模式——赋能、优化、转型与再造,共同构成了企业数字化转型的完整路径。它们相互关联、相互促进,共同推动企业向数字化、智能化方向迈进。企业应根据自身实际情况,选择适合的转型模式与路径,逐步实现数字化转型的宏伟目标。

### 三、企业数字化转型的风险

在全球化与信息化交织的今天,企业数字化转型已成为提升竞争力、实现可持续发展的关键路径。然而,纵观全球范围内企业数字化转型的实践案例,成功达成预期目标的比例并不乐观。这背后,除了对数字化转型概念理解模糊、评估体系构建不当等普遍性挑战外,还潜藏着诸多复杂且需细致考量的风险因素。笔者旨在深入探讨企业数字化转型过程中可能遭遇的八大风险,并提出相应的应对策略,以期为企业的数字化转型之路提供有益的参考。

### (一)法律政策风险

企业数字化转型并非孤立存在,而是深深植根于特定的法律政策环境之中。国家层面的土地控制、能源消耗、环境保护、信贷税收等政策,以及对企业涉足新业务领域的程度和方式的限制与潜在变化,均构成了企业数字化转型的法律边界与约束条件。因此,企业在推进数字化转型时,首要任务是确保所有行动均符合中央及地方政府的法律法规要求,避免因违规操作而引发的法律风险。

应对策略上,企业应建立健全法律合规体系,设立专门的法务团队或顾问,定期审查数字化转型项目的合规性，及时调整策略以适应政策变动。同时，加强与政府部门的沟通与合作，积极参与政策制定，争取有利的外部环境，为数字化转型创造更多机会。

## （二）转型模式选择风险

企业数字化转型的成功与否，很大程度上取决于转型模式的选择。转型步伐过小，可能无法有效应对市场变化，导致竞争力下降；而转型步伐过大，则可能因资源分配不均、管理难度增加等问题，使转型难以为继。因此，寻找适合的转型"度"，成为企业面临的一大挑战。

在转型模式的选择上，企业应综合考虑自身实力、行业特点、市场需求等多方面因素，采取循序渐进、步步为营的策略。初期可选择技术门槛较低、易于实施的转型模式作为切入点，逐步积累经验，再根据实际情况调整转型策略，向更深层次、更宽领域推进。

## （三）企业文化不适风险

企业文化作为企业的灵魂，对数字化转型的成败具有深远影响。数字化转型不仅要求技术层面的革新，更需要企业文化的深刻变革。然而，传统企业文化往往与数字化要求存在不兼容之处，如层级观念严重、创新意识不足等，这些都可能成为数字化转型的障碍。

为应对这一风险，企业必须树立与数字化转型相适应的全新理念，通过培训、宣传等方式普及数字化文化，激发员工的创新意识和协作精神。同时，领导层应率先垂范，成为数字化转型的积极推动者，身体力行引领企业文化变革。

## （四）人才结构与组织架构适应性风险

数字化转型对传统企业的人才结构和组织架构提出了严峻挑战。一方面，企业需要具备数字技术能力的专业人才来支撑转型；另一方面，原有的金字塔式组织架构难以适应快速变化的市场需求，需要向更加灵活、高效的平台化模式转变。

针对这一风险，企业应积极调整人才结构，通过招聘、培训等方式引进和培养数字化人才，形成多元化的人才梯队。同时，优化组织架构，打破部门壁垒，建立跨部门协作机制，提高组织整体的响应速度和创新能力。此外，还应建立激励机制，鼓励员工积极参与数字化转型，激发组织的内在活力。

### （五）技术储备不足风险

数字技术是企业数字化转型的核心驱动力。然而，许多企业在技术储备方面存在明显不足，无法有效支撑业务变革。这主要体现在缺乏先进的工业互联网平台、数据治理能力薄弱等方面。

为应对技术储备不足的风险，企业应加大技术研发投入，建设与自身业务相适应的工业互联网平台，提升平台服务能力，营造良好的技术生态环境。同时，构建企业级数据治理体系，对数据进行全面梳理和整合，形成数据资产，并赋予数据价值化能力。通过不断的技术积累和创新，为数字化转型提供坚实的技术支撑。

### （六）技术选择风险

在数字化转型过程中，技术选择至关重要。然而，面对琳琅满目的新技术和工具，企业往往难以做出最佳选择。盲目追求高大上或新颖的技术，而忽视业务需求和实际应用场景，可能导致技术投资浪费和转型效果不佳。

为规避技术选择风险，企业应坚持业务需求导向，深入分析业务特点和市场需求，明确技术选型的标准和原则。在选择技术时，应充分考虑技术的成熟度、稳定性、成本效益以及与企业现有系统的兼容性等因素。同时，建立技术评估机制，对新技术进行试用和评估，确保其能够满足业务需求并带来实际价值。

### （七）数字化人才短缺风险

数字化转型需要全方位的人才支持，包括技术型人才、管理型人才以及复合型人才等。然而，现实中数字化人才供不应求，尤其是高级人才更是稀缺。这给企业数字化转型带来了巨大挑战。

为应对数字化人才短缺的风险，企业应采取多种措施吸引和培养人才。一方面，通过校园招聘、社会招聘等方式引进具有数字化技能和经验的人才；另一方面，加强内部培训和学习，提升现有员工的数字化素养和技能水平。同时，建立人才激励机制、畅通人才晋升通道，激发人才的积极性和创造力。此外，企业还应积极与高校、科研机构等合作，共同培养数字化人才，为数字化转型提供源源不断的人才支持。

企业数字化转型面临的风险复杂多样，需要企业从战略高度进行全面规划和布局。通过加强法律合规、优化转型模式、塑造数字化文化、调整人才结构和组织架构、强化数字能力建设、提升企业高层领导力、精准匹配业务需求与技术选型以及构建全面的人才体系等措施，企业可以有效应对数字化转型过程中的各种风险，实现顺利转型和可持续发展。

# 第四节　企业创新平台建设与产学研合作

在数字经济蓬勃发展的今天，创新已成为推动企业不断前行、实现可持续发展的核心动力。企业家精神与科学精神的深度融合，不仅要求我们在理念上有所突破，更需要在实践层面构建一个高效、开放、协同的创新平台，以支撑这一融合过程的顺利进行。创新平台，作为连接企业、高校、科研机构等多方创新主体的桥梁，其重要性不言而喻。特别是在加强产学研合作方面，创新平台更是发挥着举足轻重的作用，它不仅能够促进技术、资本、人才等创新要素的深度融合与高效配置，还能够显著加速科技成果的转化应用，为企业的持续发展注入强大的活力。

## 一、创新平台建设的深远意义

创新平台的建设，是数字经济时代推动创新驱动发展战略的重要举措，其意义深远，主要体现在以下几个方面：

### （一）促进创新资源的集聚与整合

在数字经济背景下，创新资源呈现出分散化、多样化的特点。创新平台通过整合政府、企业、高校、科研机构等多方面的资源，形成创新资源的集聚效应，为创新创业活动提供强有力的支撑。这种集聚不仅体现在物理空间的集中，更体现在信息、知识、技术等多维度的汇聚与交融，为创新活动提供了丰富的"原料"和"土壤"。

### （二）加速科技成果的转化与应用

长期以来，科技成果从实验室走向市场的过程中存在着诸多障碍，如信息不对称、转化机制不健全等。创新平台通过搭建产学研合作的桥梁，有效缩短了科技成果从研发到应用的距离，促进了科技成果的快速转化和广泛应用。这不仅有助于实现科技成果的经济价值，还能够显著提升其社会价值，推动社会进步和经济发展。

### （三）培养与汇聚创新人才

创新平台为各类人才提供了广阔的实践舞台和成长空间。通过参与创新项目、开展技术交流、接受专业培训等方式，人才在实践中不断锻炼和成长，逐渐形成了一支具有创新精神和实践能力的高素质人才队伍。这些人才不仅是创新平台的重要支撑力量，也是推动整个经济社会创新发展的重要力量。

### （四）推动产业转型升级与高质量发展

创新平台通过技术创新和产业升级，能够推动传统产业向高端化、智能化、绿色化方向发展，实现产业结构的优化升级。同时，创新平台还能够催生新兴产业和业态，为经济发展注入新的活力。这种转型升级不仅提升了产业的竞争力和附加值，还有助于实现经济的可持续发展。

## 二、创新平台建设的有效策略

在数字经济背景下，创新平台的建设需要充分考虑市场需求、技术趋势和创新主体的特点，采取以下有效策略：

### （一）明确平台定位与发展方向

创新平台的建设应紧密结合区域产业特色和市场需求，明确自身的定位和发展方向。通过深入分析区域产业优势和劣势，确定平台的主攻方向和重点领域，形成差异化的竞争优势。同时，平台还应根据市场需求和技术发展趋势，不断调整和优化自身的服务内容和功能，以保持与市场的紧密联系。

### （二）搭建开放协同的合作网络

创新平台应加强与高校、科研机构、行业协会等创新主体的合作，构建开放、协同的创新网络。通过签订合作协议、建立合作机制等方式，实现资源共享和优势互补。此外，平台还应积极拓展国际合作，吸引国际优质创新资源入驻，提升平台的国际影响力和竞争力。

### （三）完善一站式服务体系

创新平台应提供技术研发、测试验证、成果转化、融资支持等一站式服务，以降低企业创新的门槛和成本。通过整合各类服务资源，形成服务链条和服务体系，为企业提供便捷、高效的服务。同时，平台还应建立服务质量监控和评估机制，确保服务质量和效果。

### （四）强化政策支持与资金投入

创新平台的发展离不开政府部门的政策支持和资金投入。平台应积极争取政府部门的政策扶持和资金补助，为自身的发展提供有力保障。同时，平台还应加强与金融机构的合作，拓宽融资渠道，吸引社会资本投入，形成多元化的资金保障体系。

### （五）营造良好的创新生态

创新平台应注重营造良好的创新生态，激发创新主体的活力和创造力。通过举办创新大赛、创业论坛、技术交流会等活动，搭建交流展示平台，促进创新主体之间的交流与合作。同时，平台还应加强知识产权保护和管理，为创新活动提供有力的法律保障。

## 三、加强产学研合作的实施路径

产学研合作是创新平台建设的重要一环，对于推动科技创新和产业升级具有重要意义。以下是加强产学研合作的主要路径：

### （一）建立稳定的合作机制

产学研合作的基础是建立稳定的合作关系。通过签订合作协议、设立联合研发机构等方式，明确各方在合作中的权责和利益分配机制，确保合作的顺利进行。同时，还应建立定期沟通机制和评估机制，及时解决合作中出现的问题，评估合作效果，为合作的持续深化提供有力保障。

### （二）推动创新资源的共享与利用

高校和科研机构拥有丰富的科研资源和人才优势，而企业则贴近市场、了解需求。推动高校、科研机构与企业之间的资源共享，包括实验室、仪器设备、数据资源等，可以显著提高资源利用效率，促进科技创新和成果转化。此外，还可以通过建立开放实验室、共享数据库等方式，进一步拓宽资源共享的渠道和范围。

### （三）联合培养高素质人才

人才是产学研合作的关键要素。通过实习实训、联合培养、项目合作等方式，可以培养一批既懂技术又懂市场的复合型人才。这些人才不仅具备扎实的专业知识和实践能力，还能够将技术成果快速转化为市场产品，推动产学研合作的深入发展。同时，产学研合作还可以为人才提供广阔的成长空间和发展机会，吸引更多优秀人才投身科技创新事业。

### （四）开展协同创新活动

围绕关键共性技术、前沿技术等开展协同创新活动，是产学研合作的重要内容。通过组建跨学科、跨领域的创新团队，整合各方优势和资源，共同攻克技术难关，提升产业竞争力。协同创新不仅能够推动技术进步和产业升级，还能够促进学科交叉和融合，为科技创新提供源源不断的动力。

### （五）促进科技成果的转化与应用

建立科技成果评估和交易机制，是推动科技成果在企业转移转化的关键。通过设立科技成果转化基金、建立科技成果转化平台等方式，可以为科技成果的转化提供资金支持和市场对接服务。同时，还应加强科技成果的知识产权保护和管理，确保科技成果的合法性和有效性。此外，还可以通过举办科技成果展示会、对接会等活动，促进科技成果与市场需求的有效对接，实现科技成果的经济价值和社会效益。

### （六）构建产学研合作联盟

为了进一步加强产学研合作，可以构建产学研合作联盟或协会等组织形式。通过联盟或协会的平台作用，可以加强产学研各方之间的沟通与协作，推动资源共享和优势互补。同时，联盟或协会还可以协调各方利益诉求，解决合作中的矛盾和纠纷，为产学研合作的长期稳定发展提供有力保障。

创新平台建设与产学研合作是推动数字经济时代创新驱动发展的重要举措。通过明确平台定位、搭建合作网络、完善服务体系、强化政策支持等策略，可以有效推动创新平台的建设。同时，通过建立稳定的合作机制、推动资源共享、联合培养人才、开展协同创新、促进成果转化以及构建产学研合作联盟等路径，可以进一步加强产学研合作，推动科技创新和产业升级。

# 参考文献

[1] 汪辉平.企业家精神对区域经济增长的空间溢出效应研究[M].北京：经济管理出版社，2020.

[2] 杨勇，朱乾.区域企业家精神的影响因素、经济后果与公共政策研究[M].上海：东南大学出版社，2017.

[3] 彭罗斯.企业成长理论[M].上海：上海人民出版社，2007.

[4] 焦斌龙.中国企业家人力资本[M].北京：经济科学出版社，2000.

[5] 张维迎.企业的企业家[M].上海：上海人民出版社，1995.

[6] 熊彼特.经济发展理论[M].北京：商务印书馆，1990.

[7] 彼得·杜拉克.创新与企业家精神[M].彭志华，译.海口：海南出版社，2000.

[8] 张维迎，盛斌.论企业家[M].北京：生活·读书·新知三联书店，2004.

[9] 鲍莫尔.企业家精神[M].武汉：武汉大学出版社，2009.

[10] 许秀梅，朱娜，杨焕玲.企业家精神、高管技术专长与企业技术资本投资[J].统计与决策，2022，38（23）：159-164.

[11] 陈明明，张文铖.数字经济对经济增长的作用机制研究[J].社会科学，2021（01）：44-53.

[12] 王天翔，王娟.企业家精神研究：回顾与展望[J].中国集体经济，2019（30）：77-78.

[13] 刘晓扬，范炜烽.中国企业家精神研究的发展脉络与趋势——基于文本分析的视角[J].现代经济探讨，2022（05）：106-113.

[14] 张吉昌，龙静.数字化转型、动态能力与企业创新绩效——来自高新技术上市企业的经验证据[J].经济与管理，2022，36（03）：74-83.

[15] 李琦，刘力钢，邵剑兵.数字化转型、供应链集成与企业绩效——企业家精神的调节效应[J].经济管理，2021，43（10）：5-23.

[16] 吕富彪，吕东烨.基于企业家精神推动技术创新能力的支撑研究［J］.科学管理研究，2021，39（05）：117-122.

[17] 韩书成，梅心怡，杨兰品.营商环境、企业家精神与技术创新关系研究［J］.科技进步与对策，2022，39（09）：12-22.

[18] 李海舰，杜爽，李凌霄.企业家精神形成的影响因素研究［J］.企业经济，2022，41（01）：35-44.

[19] 毛良虎，李焕焕，刘然.企业家精神的实证测度［J］.统计与决策，2022，38（01）：163-169.

[20] 袁淳，肖士盛，耿春晓，等.数字化转型与企业分工：专业化还是纵向一体化［J］.中国工业经济，2021（09）：137-155.

[21] 王才.数字化转型对企业创新绩效的作用机制研究［J］.当代经济管理，2021，43（03）：24-42.

[22] 马丽娜.企业家精神助力企业高质量发展［N］.中国社会科学报，2024-04-03（008）.